Sous-Vide

Sztuka Perfekcyjnego Gotowania

Anna Kowalska

Spis treści

Boskie Roladki Kraba Cytrynowego z Czosnkiem 9
Przypraw zwęgloną ośmiornicę sosem cytrynowym 11
Kebab z krewetek kreolskich 13
Krewetki z pikantnym sosem 15
Halibut z szalotką i estragonem 16
Masło ziołowe Dorsz cytrynowy 18
Samochód drużynowy z Beurre Nantais 20
Słodka kiełbasa i winogrona 22
Słodkie żeberka z sosem mango 23
Kotleciki na słodko i cukinia z migdałami 25
Kotlety schabowe smażone z papryką i kukurydzą 27
Kremowa polędwica wieprzowa w kolorze koniaku 29
Nogi wieprzowe pomidorowe z marchewką 31
Kotlet schabowy z pikantnym sosem kawowym 33
Pikantny filet 35
Pyszne kotlety schabowe z grzybami 36
Zupa krem z pancetty i kukurydzy 38
Kabobs wieprzowy z kminkiem i czosnkiem 40
Świetne kotlety schabowe z balsamikiem 42
Czerwona kapusta i ziemniaki z kiełbasą 43
Filet wieprzowy z migdałami 45
Ładna salsa wieprzowa Verde 47
Pikantne kokosowe żeberka wieprzowe 49
Soczyste Żeberka BBQ Baby 51

Filet wieprzowy z czosnkiem 53
Pikantna polędwiczka wieprzowa z tymiankiem i czosnkiem .. 54
Kotlety schabowe z sosem grzybowym 56
Słodkie kiełbaski jabłkowe 58
Tacos ze słodką pomarańczową wieprzowiną 59
Meksykańskie carnitas wieprzowe z salsą roy 61
Tacos z kurczakiem chili i chorizo z serem 63
Mięso z kurczaka z warzywami 65
Lekko pikantny kurczak w miodzie 67
Klasyczny kurczak Cordon Bleu 69
Chrupiący domowy kurczak 71
Pikantne piersi z kurczaka 73
Pikantne wrapy z sałatą i kurczakiem imbirowo-chili 75
Aromatyczne cytrynowe piersi z kurczaka 77
Kurczak z musztardą i czosnkiem 79
Cały kurczak 80
Pyszne skrzydełka z kurczaka z sosem bawolym 81
Pyszne udka z kurczaka z sosem słodko-limonkowym 82
Pierś z kurczaka z sosem cajun 84
Pierś z kurczaka Sriracha 85
Kurczak pietruszkowy z sosem curry 86
Pierś z kurczaka glazurowana parmezanem 87
Mielony kurczak z pomidorami 89
Gulasz z kurczaka z grzybami 90
Najłatwiejsza pierś z kurczaka bez przysmażania 92
Pomarańczowe udka z kurczaka 93
Tymiankowy kurczak z cytryną 95

Sałatka z kurczakiem i papryką 96
Cały kurczak 98
Proste pikantne udka z kurczaka 100
Buffalo Chicken Wings 101
Rozdrobnione Pasteciki Z Kurczaka 103
Udka z kurczaka z puree marchewkowym 104
Kurczak Cytrynowy Z Miętą 106
Kurczak z konfiturą wiśniową 107
Słodko-pikantne udka z kurczaka 108
Nadziewane piersi z kurczaka 110
Świeży kurczak 112
Udka z kurczaka śródziemnomorskie 114
Pierś z kurczaka z sosem harissa 115
Kurczak czosnkowy z grzybami 116
Udka z kurczaka z zieleniną 118
Budyń z kurczaka z sercami karczochów 120
Sałatka z dyni z masłem migdałowym i kurczakiem 122
Sałatka z kurczakiem i orzechami włoskimi 124
Pieprzone kotlety cielęce z grzybami sosnowymi 126
Kotlety cielęce 128
Pikantna cielęcina z winem porto 129
Cielęcina Portobello 131
Sos cielęcy 133
Wątróbka cielęca Dijon 135
Kotlety jagnięce w stylu afrykańskim z morelami 137
Mielone kotlety jagnięce z orzechami 139
Stojak z jagnięciny marynowanej w musztardzie i miodzie 141

Pulpety jagnięce z sosem jogurtowym 143
Pikantny ryż z łopatką jagnięcą 145
Steki jagnięce z chilli w panierce z nasion sezamu 146
Słodka jagnięcina z sosem musztardowym 147
Jagnięcina cytrynowo-miętowa 149
Cytrynowe kotlety jagnięce z sosem chimichurri 151
Gicz jagnięca z warzywami i słodkim sosem 153
Gulasz z pancetty i jagnięciny 155
Pieprzowo-cytrynowe kotleciki jagnięce z chutneyem z papai
.... 157
Pikantne kebaby jagnięce 159
Herby Jagnięcina z Warzywami 161
Czosnkowy stojak z jagnięciną 163
Ruszt jagnięcy inkrustowany ziołami 165
Popularne południowoafrykańskie kebaby z jagnięciną i wiśniami 167
Curry z papryką i jagnięciną 169
Ser kozi Żeberka jagnięce 171
Łopatka jagnięca 173
Jalapeño Pieczona Jagnięcina 175
Grillowane kotlety jagnięce z tymiankiem i szałwią 177
Kotleciki jagnięce z bazyliowym chimichurri 179
Pikantne kebaby jagnięce Harissa 181
Słodka musztardowa wieprzowina z chrupiącą cebulką 183
Pyszne kotlety schabowe z bazylią i cytryną 185
Żeberka baby z sosem chińskim 186
Gulasz wieprzowy i fasolowy 188
Rozdrobnij żeberka wieprzowe 190

Balsamiczne kotlety schabowe 191
Żeberka wieprzowe bez kości z sosem kokosowo-orzechowym
.... 193
Polędwiczka wieprzowa z limonką i czosnkiem 195
Żeberka wieprzowe z grilla 197
Filet klonowy ze smażonym jabłkiem 198
Wędzona papryka Boczek wieprzowy 200
Tacos wieprzowe Carnitas 201
Pyszna wieprzowina z polewą musztardowo-melasową 202
Smażona karkówka 204
Żeberka wieprzowe 206
Kotlety schabowe z tymiankiem 207
Pulpety wieprzowe 208
Kotleciki z szałwii i cydru 209
Filet z rozmarynem 211
Paprika Pancetta z cebulą perłową 212
Kotlety schabowe pomidorowe z puree ziemniaczanym 213

Boskie Roladki Kraba Cytrynowego z Czosnkiem

Przygotowanie + czas gotowania: 60 minut | Porcje: 4

Składniki

4 łyżki masła
1 kilogram gotowanego mięsa kraba
2 ząbki czosnku, posiekane
Skórka i sok z ½ cytryny
½ szklanki majonezu
1 koper włoski, posiekany
Sól i czarny pieprz do smaku
4 podzielone bułki, natłuszczone i opieczone

Instrukcja obsługi

Przygotuj łaźnię wodną i włóż do niej sous vide. Ustaw na 137 F. Połącz czosnek, skórkę z cytryny i 1/4 szklanki soku z cytryny. Umieść mięso kraba w zamykanej próżniowo torbie z mieszanką masła i cytryny. Wypuścić powietrze metodą wyciskania wody, zamknąć worek i zanurzyć go w łaźni wodnej. Gotuj przez 50 minut.

Gdy czas się skończy, wyjmij torebkę i przenieś ją do miski. Wyrzuć soki powstałe podczas gotowania. Połącz mięso kraba z pozostałym sokiem z cytryny, majonezem, koprem włoskim, koperkiem, solą i pieprzem. Przed podaniem napełnij bułki mieszanką mięsa krabowego.

Przypraw zwęgloną ośmiornicę sosem cytrynowym

Przygotowanie + czas gotowania: 4 godziny 15 minut | Porcje: 4

Składniki

5 łyżek oliwy z oliwek
1-funtowe macki ośmiornicy
Sól i czarny pieprz do smaku
2 łyżki soku z cytryny
1 łyżka skórki z cytryny
1 łyżka posiekanej świeżej natki pietruszki
1 łyżeczka tymianku
1 łyżka papryki

Instrukcja obsługi

Przygotuj łaźnię wodną i umieść w niej urządzenie Sous Vide. Ustaw na 179 F. Pokrój macki na średnie kawałki. Doprawić solą i pieprzem. Umieść kawałki w zamykanej próżniowo torbie z oliwą z oliwek. Wypuścić powietrze metodą wyciskania wody, zamknąć worek i zanurzyć go w łaźni wodnej. Gotuj przez 4 godziny.

Gdy minutnik się skończy, wyjmij ośmiornicę i osusz ręcznikiem kuchennym. Wyrzuć soki powstałe podczas gotowania. Posyp z wierzchu oliwą z oliwek.

Rozgrzej grill do średniej temperatury i smaż macki przez 10-15 sekund z każdej strony. Odłożyć na bok. Dokładnie wymieszaj sok z cytryny, skórkę z cytryny, paprykę, tymianek i pietruszkę. Na wierzchu ułóż ośmiornicę polaną sosem cytrynowym.

Kebab z krewetek kreolskich

Przygotowanie + czas gotowania: 50 minut | Porcje: 4

Składniki

Skórka i sok z 1 cytryny

6 łyżek masła

2 ząbki czosnku, posiekane

Sól i biały pieprz do smaku

1 łyżka przyprawy kreolskiej

1,5 kg krewetek

1 łyżka mielonego świeżego koperku + do dekoracji

Plastry cytryny

Instrukcja obsługi

Przygotuj łaźnię wodną i umieść w niej urządzenie Sous Vide. Ustaw na 137F.

Rozpuść masło w rondlu na średnim ogniu, dodaj czosnek, przyprawy kreolskie, skórkę i sok z cytryny, sól i pieprz. Gotuj przez 5 minut, aż masło się rozpuści. Odłożyć na bok i pozostawić do ostygnięcia.

Umieść krewetki z mieszanką masła w zamykanej próżniowo torbie. Wypuścić powietrze metodą wyciskania wody, zamknąć worek i zanurzyć go w łaźni wodnej. Gotuj przez 30 minut.

Gdy licznik czasu się skończy, wyjmij krewetki i osusz ręcznikiem papierowym. Wyrzuć soki powstałe podczas gotowania. Na wierzch połóż krewetki, udekoruj koperkiem i odrobiną cytryny.

Krewetki z pikantnym sosem

Przygotowanie + czas gotowania: 40 minut + czas chłodzenia | Porcje: 5

Składniki

2 funty krewetek, obranych i oczyszczonych
1 szklanka przecieru pomidorowego
2 łyżki sosu chrzanowego
1 łyżeczka soku z cytryny
1 łyżeczka sosu Tabasco
Sól i czarny pieprz do smaku

Instrukcja obsługi

Przygotuj łaźnię wodną i włóż do niej sous vide. Ustaw na 137 F. Umieść krewetki w torebce próżniowej. Wypuść powietrze metodą wyciskania wody, zamknij i zanurz worek w wannie. Gotuj przez 30 minut.

Gdy licznik czasu się skończy, wyjmij torebkę i przenieś do łaźni lodowo-wodnej na 10 minut. Pozostawić do zastygnięcia w lodówce na 1-6 godzin. Dokładnie wymieszaj przecier pomidorowy, sos chrzanowy, sos sojowy, sok z cytryny, sos Tabasco, sól i pieprz. Podawać krewetki z sosem.

Halibut z szalotką i estragonem

Przygotowanie + czas gotowania: 50 minut | Porcje: 2

Składniki:

2 funty filetów z halibuta
3 gałązki liści estragonu
1 łyżeczka sproszkowanego czosnku
1 łyżeczka proszku cebulowego
Sól i biały pieprz do smaku
2 ½ łyżeczki + 2 łyżeczki masła
2 szalotki, obrane i przekrojone na pół
2 gałązki tymianku
Plasterki cytryny do dekoracji

Wskazówki:

Przygotuj łaźnię wodną, umieść ją w urządzeniu Sous Vide i ustaw na 124 F. Filet z halibuta przekrój na trzy części i natrzyj solą, czosnkiem w proszku, cebulą w proszku i pieprzem. Umieść filety, estragon i 2 ½ łyżeczki masła w trzech oddzielnych, zamkniętych próżniowo torebkach. Wypuścić powietrze metodą wyciskania wody i zamknąć worki. Włóż je do łaźni wodnej i gotuj przez 40 minut.

Gdy odliczanie się skończy, wyjmij i otwórz torby. Postaw patelnię na małym ogniu i dodaj resztę masła. Po podgrzaniu usuń skórę z mintaja i osusz ją. Dodaj halibuta z szalotką i tymiankiem i smaż, aż będzie chrupiący od dołu i od góry. Udekorować plasterkami cytryny. Podawać z warzywami gotowanymi na parze.

Masło ziołowe Dorsz cytrynowy

Przygotowanie + czas gotowania: 37 minut | Porcje: 6

Składniki

8 łyżek masła

6 filetów z dorsza

Sól i czarny pieprz do smaku

Skórka z ½ cytryny

1 łyżka zmielonego świeżego koperku

½ łyżki posiekanego świeżego szczypiorku

½ łyżki posiekanej świeżej bazylii

½ łyżki posiekanej świeżej szałwii

Instrukcja obsługi

Przygotuj łaźnię wodną i umieść w niej urządzenie Sous Vide. Podgrzej do 134 F. Dopraw dorsza solą i pieprzem. Umieść dorsza i skórkę z cytryny w zamykanej próżniowo torbie.

W osobnym woreczku próżniowym umieść masło, połowę koperku, szczypiorek, bazylię i szałwię. Wypuścić powietrze metodą wyciskania wody, zamknąć i zanurzyć obydwa worki w łaźni wodnej. Gotuj przez 30 minut.

Gdy licznik czasu się skończy, wyjmij dorsza i osusz go papierowym ręcznikiem. Wyrzuć soki powstałe podczas gotowania. Z drugiej torebki wyjmij masło i polej nim dorsza. Udekorować pozostałym koperkiem.

Samochód drużynowy z Beurre Nantais

Przygotowanie + czas gotowania: 45 minut | Porcje: 6

Składniki:

Grupnik:

2 funty winogron, pokroić na 3 części

1 łyżeczka kminku w proszku

½ łyżeczki czosnku w proszku

½ łyżeczki proszku cebulowego

½ łyżeczki mielonej kolendry

¼ szklanki przyprawy do ryb

¼ szklanki oleju pekan

Sól i biały pieprz do smaku

Beurre Blanc:

1 funt masła

2 łyżki octu jabłkowego

2 szalotki, posiekane

1 łyżeczka mielonego pieprzu

5 uncji ciężkiej śmietanki,

Dodaj sól do smaku

2 gałązki koperku

1 łyżka soku z cytryny

1 łyżka sproszkowanego szafranu

Wskazówki:

Przygotuj łaźnię wodną, włóż do niej sous vide i ustaw na 132 F. Dopraw kawałki winogron solą i białym pieprzem. Umieścić w torebce zamykanej próżniowo, wypuścić powietrze metodą wyciskania wody, zamknąć i zanurzyć torebkę w łaźni wodnej. Ustaw timer na 30 minut. Wymieszaj kminek, czosnek, cebulę, kolendrę i przyprawę do ryb. Odłożyć na bok.

W międzyczasie przygotuj beurre blanc. Postaw patelnię na średnim ogniu i dodaj szalotkę, ocet i pieprz. Zagotować do uzyskania syropu. Zmniejsz ogień i dodaj masło, ciągle mieszając. Dodajemy koperek, sok z cytryny i proszek szafranowy, ciągle mieszamy i gotujemy 2 minuty. Dodaj śmietanę i dodaj sól. Gotuj przez 1 minutę. Wyłącz ogień i odłóż na bok.

Gdy licznik czasu się skończy, wyjmij i otwórz torebkę. Postaw patelnię na średnim ogniu, dodaj olej pekan. Winogrona i przyprawy suszy się mieszanką przypraw i smaży na rozgrzanym oleju. Podawaj winogrona i beurre nantais z gotowanym na parze szpinakiem.

Słodka kiełbasa i winogrona

Przygotowanie + czas gotowania: 1 godzina 20 minut | Porcje: 4

Składniki

2 ½ szklanki białych winogron bez pestek, z usuniętymi łodygami
1 łyżka posiekanego świeżego rozmarynu
2 łyżki masła
4 całe słodkie włoskie kiełbaski
2 łyżki octu balsamicznego
Sól i czarny pieprz do smaku

Instrukcja obsługi

Przygotuj łaźnię wodną i umieść w niej urządzenie Sous Vide. Ustaw na 160F.

Umieść winogrona, rozmaryn, masło i kiełbasę w zamykanej próżniowo torbie. Wypuścić powietrze metodą wyciskania wody, zamknąć worek i zanurzyć go w łaźni wodnej. Gotuj przez 60 minut.

Gdy licznik czasu się skończy, wyjmij kiełbaski i wlej sok z zupy oraz winogrona do rondla ustawionego na średnim ogniu. Wlać ocet balsamiczny i gotować przez 3 minuty. Doprawić solą i pieprzem. Rozgrzej patelnię na średnim ogniu i smaż kiełbaski przez 3-4 minuty. Podawać z sosem i winogronami.

Słodkie żeberka z sosem mango

Przygotowanie + czas gotowania: 36 godzin 25 minut | Porcje: 4

Składniki

4 kilogramy żeberek wieprzowych
Sól i czarny pieprz do smaku
1 szklanka soku z mango
¼ szklanki sosu sojowego
3 łyżki miodu
1 łyżka pasty chili-czosnkowej
1 łyżka mielonego imbiru
2 łyżki oleju kokosowego
1 łyżeczka chińskiego proszku pięciu smaków
1 łyżeczka mielonej kolendry

Instrukcja obsługi

Przygotuj łaźnię wodną i umieść w niej urządzenie Sous Vide. Ustaw na 146F.

Dopraw żeberka solą i pieprzem i włóż je do zamykanej próżniowo torebki. Wypuścić powietrze metodą wyciskania wody, zamknąć worek i zanurzyć go w łaźni wodnej. Gotuj przez 36 godzin. Gdy minutnik się skończy, wyjmij żeberka i osusz. Wyrzuć soki powstałe podczas gotowania.

Rozgrzej garnek na średnim ogniu i gotuj sok z mango, sos sojowy, chili, pastę czosnkową, miód, imbir, olej kokosowy, przyprawę Five Spice i kolendrę przez 10 minut, aż do wrzenia. Skrop żeberka sosem. Przełożyć na blachę do pieczenia i piec przez 5 minut w piekarniku nagrzanym na 390 F.

Kotleciki na słodko i cukinia z migdałami

Przygotowanie + czas gotowania: 3 godziny 15 minut | Porcje: 2

Składniki

2 filety wieprzowe
Sól i czarny pieprz do smaku
3 łyżki oliwy z oliwek
1 łyżka świeżo wyciśniętego soku z cytryny
2 łyżeczki czerwonego octu winnego
2 łyżeczki miodu
2 łyżki oliwy z oliwek
2 średniej wielkości cukinie, pokrojone w paski
2 łyżki migdałów, prażonych

Instrukcja obsługi

Przygotuj łaźnię wodną i umieść w niej urządzenie Sous Vide. Ustaw na 138 F. Umieść przyprawioną wieprzowinę w zamykanej próżniowo torbie. Dodaj 1 łyżkę oliwy z oliwek. Wypuścić powietrze metodą wyciskania wody, zamknąć worek i zanurzyć go w łaźni wodnej. Gotuj przez 3 godziny.

Wymieszaj sok z cytryny, miód, ocet i 2 łyżki oliwy z oliwek. Doprawić solą i pieprzem. Gdy czas się skończy, wyjmij torebkę i wyrzuć soki powstałe podczas gotowania. Na patelni rozgrzej olej ryżowy i smaż wieprzowinę po 1 minucie z każdej strony. Zdejmij z ognia i odstaw na 5 minut.

Na sałatkę wymieszaj w misce cukinię z dressingiem. Doprawić solą i pieprzem. Przełóż wieprzowinę na talerz i podawaj z cukinią. Udekorować migdałami.

Kotlety schabowe smażone z papryką i kukurydzą

Przygotowanie + czas gotowania: 1 godzina 10 minut | Porcje: 4

Składniki

4 kotlety schabowe
1 mała czerwona papryka, pokrojona w kostkę
1 mała żółta cebula, pokrojona w kostkę
2 szklanki mrożonych ziaren kukurydzy
¼ szklanki kolendry
Sól i czarny pieprz do smaku
1 łyżka tymianku
4 łyżki oleju roślinnego

Instrukcja obsługi

Przygotuj łaźnię wodną i umieść w niej urządzenie Sous Vide. Ustaw na 138 F. Posyp wieprzowinę solą i umieść w zamykanej próżniowo torbie. Wypuścić powietrze metodą wyciskania wody, zamknąć worek i zanurzyć go w łaźni wodnej. Gotuj przez 1 godzinę.

Na patelni rozgrzej olej na średnim ogniu i podsmaż na nim cebulę, paprykę i kukurydzę. Doprawić solą i pieprzem. Wymieszać z kolendrą i tymiankiem. Odłożyć na bok. Gdy licznik czasu się skończy, wyjmij wieprzowinę i przenieś ją na gorącą patelnię. Smaż przez 1 minutę z każdej strony. Podawaj wieprzowinę z pieczonymi warzywami.

Kremowa polędwica wieprzowa w kolorze koniaku

Przygotowanie + czas gotowania: 4 godziny 50 minut | Porcje: 4

Składniki

3 kilogramy filetu wieprzowego bez kości
Dodaj sól do smaku
2 cienko pokrojone cebule
¼ szklanki koniaku
1 szklanka mleka
1 szklanka serka śmietankowego

Instrukcja obsługi

Przygotuj łaźnię wodną i włóż do niej sous vide. Ustaw na 146 F. Dopraw wieprzowinę solą i pieprzem. Rozgrzej patelnię na średnim ogniu i smaż wieprzowinę przez 8 minut. Odłożyć na bok. Wmieszać cebulę i smażyć przez 5 minut. Dodać koniak i doprowadzić do wrzenia. Pozostawić do ostygnięcia na 10 minut.

Umieść wieprzowinę, cebulę, mleko i śmietanę w zamykanym próżniowo worku. Wypuścić powietrze metodą wyciskania wody, zamknąć i zanurzyć w łaźni wodnej. Gotuj przez 4 godziny. Gdy czas się skończy, wyjmij wieprzowinę. Odstawić, trzymać w cieple. Podgrzej garnek i wlej do niego sok z gotowania. Mieszać przez 10 minut, aż do wrzenia. Doprawić solą i pieprzem. Przed podaniem pokrój wieprzowinę w plasterki i polej sosem śmietanowym.

Nogi wieprzowe pomidorowe z marchewką

Przygotowanie + czas gotowania: 48 godzin 30 minut | Porcje: 4

Składniki

2 nogi wieprzowe
1 (14,5 uncji) puszka pokrojonych w kostkę pomidorów z sokiem
1 szklanka bulionu wołowego
1 szklanka drobno posiekanej cebuli
½ szklanki drobno posiekanego kopru włoskiego
½ szklanki drobno posiekanej marchewki
Dodaj sól do smaku
½ szklanki czerwonego wina
1 liść laurowy

Instrukcja obsługi

Przygotuj łaźnię wodną i umieść w niej urządzenie Sous Vide. Ustaw na 149 F. Usuń tłuszcz z brzucha z golonki i umieść w zamykanej próżniowo torbie. Dodać resztę składników, spuścić powietrze metodą wyciskania wody, zakręcić i namoczyć torebkę w łaźni wodnej. Gotuj przez 48 godzin.

Kiedy odliczanie się zatrzyma, zdejmij dźwignię i wyrzuć arkusz nośny. Zarezerwuj soki do zupy. Ułóż gicz na blasze do pieczenia i grilluj przez 5 minut, aż się zarumieni. Podgrzej garnek na średnim ogniu i dodaj powstałe soki. Gotować 10 minut, aż zgęstnieje. Sosem polej wieprzowinę i podawaj.

Kotlet schabowy z pikantnym sosem kawowym

Przygotowanie + czas gotowania: 2 godziny 50 minut | Porcje: 4

Składniki

4 kotlety schabowe z kością
1 łyżka papryki w proszku
1 łyżka kawy mielonej
1 łyżka brązowego cukru
1 łyżka soli czosnkowej
1 łyżka oliwy z oliwek

Instrukcja obsługi

Przygotuj łaźnię wodną i umieść w niej urządzenie Sous Vide. Ustaw na 146 F. Umieść wieprzowinę w zamykanej próżniowo torbie. Wypuścić powietrze metodą wyciskania wody, zamknąć worek i zanurzyć go w łaźni wodnej. Gotuj przez 2 godziny i 30 minut.

W międzyczasie przygotuj sos mieszając dokładnie paprykę w proszku, mieloną kawę, brązowy cukier i sól czosnkową. Gdy licznik czasu się skończy, wyjmij wieprzowinę i osusz.

Sosem polej wieprzowinę. Na patelni rozgrzej olej i smaż na nim wieprzowinę po 1-2 minuty z każdej strony. Odstaw na 5 minut. Pokrój wieprzowinę i podawaj.

Pikantny filet

Przygotowanie + czas gotowania: 3 godziny 15 minut | Porcje: 4

Jaskładniki

1 kilogram filetu wieprzowego pokrojonego w plasterki
Dodaj sól do smaku
½ łyżeczki czarnego pieprzu
3 łyżki pasty chili

Instrukcja obsługi

Przygotuj łaźnię wodną i umieść w niej urządzenie Sous Vide. Ustaw na 146F.

Filety doprawić solą i pieprzem i umieścić w zamykanym próżniowo worku. Wypuścić powietrze metodą wyciskania wody, zamknąć worek i zanurzyć go w łaźni wodnej. Gotuj przez 3 godziny.

Gdy timer się skończy, wyjmij wieprzowinę i posmaruj pastą chili. Rozgrzej grill na dużym ogniu i grilluj filet przez 5 minut, aż się zrumieni. Pozwala się zrelaksować. Filet pokroić w plasterki i podawać.

Pyszne kotlety schabowe z grzybami

Przygotowanie + czas gotowania: 65 minut | Porcje: 2

Składniki

2 grube kotlety schabowe z kością

Sól i czarny pieprz do smaku

2 łyżki masła, zimne

4 uncje mieszanych grzybów leśnych

¼ szklanki sherry

½ szklanki bulionu wołowego

1 łyżeczka szałwii

1 łyżka marynaty do steków

Posiekany czosnek do dekoracji

Instrukcja obsługi

Przygotuj łaźnię wodną i umieść w niej urządzenie Sous Vide. Ustaw na 138F.

Doprawić wieprzowinę solą i pieprzem i umieścić w zamykanym próżniowo worku. Wypuścić powietrze metodą wyciskania wody, zamknąć worek i zanurzyć go w łaźni wodnej. Gotuj przez 45 minut.

Gdy licznik czasu się skończy, wyjmij wieprzowinę i osusz. Wyrzuć soki powstałe podczas gotowania. Rozgrzej 1 łyżkę masła na patelni na średnim ogniu i smaż wieprzowinę przez 1 minutę z każdej strony. Przełożyć na talerz i odstawić.

Smaż grzyby na tej samej gorącej patelni przez 2-3 minuty. Mieszaj sherry, bulion, szałwię i marynatę do steków, aż sos zgęstnieje. Dodać resztę masła i doprawić solą i pieprzem; Dobrze wymieszaj. Przed podaniem polej wieprzowinę sosem i udekoruj szczypiorkiem czosnkowym.

Zupa krem z pancetty i kukurydzy

Przygotowanie + czas gotowania: 1 godzina 15 minut | Porcje: 4

Składniki

4 kłosy kukurydzy, ogolone ziarna
4 łyżki masła
1 szklanka mleka
1 liść laurowy
Sól i biały pieprz do smaku
4 plasterki pancetty, ugotowane do chrupkości
2 łyżki posiekanego szczypiorku

Instrukcja obsługi

Przygotuj łaźnię wodną i umieść w niej urządzenie Sous Vide. Ustaw na 186F.

Wymieszaj ziarna kukurydzy, mleko, kolbę kukurydzy, 1 łyżkę soli, 1 łyżkę białego pieprzu i liść laurowy. Umieścić w zamykanej próżniowo torbie. Wypuścić powietrze metodą wyciskania wody, zamknąć worek i zanurzyć go w łaźni wodnej. Gotuj przez 1 godzinę.

Gdy licznik czasu się zatrzyma, wyjmij torebkę i usuń kolbę kukurydzy oraz liść laurowy. Włóż mieszaninę do blendera w trybie puree na 1 minutę. Jeśli wolisz inną konsystencję, dodaj odrobinę mleka. Doprawić solą i pieprzem. Udekoruj porcję pancettą i szczypiorkiem.

Kabobs wieprzowy z kminkiem i czosnkiem

Przygotowanie + czas gotowania: 4 godziny 20 minut | Porcje: 4

Składniki

1 kilogram łopatki wieprzowej bez kości, pokrojonej w kostkę
Dodaj sól do smaku
1 łyżka mielonej gałki muszkatołowej
1 łyżka mielonego czosnku
1 łyżeczka kminku
1 łyżeczka kolendry
1 łyżeczka sproszkowanego czosnku
1 łyżeczka brązowego cukru
1 łyżeczka świeżo zmielonego czarnego pieprzu
1 łyżka oliwy z oliwek

Instrukcja obsługi

Przygotuj łaźnię wodną i umieść w niej urządzenie Sous Vide. Ustawić na 149 F. Doprawić wieprzowinę solą, czosnkiem, gałką muszkatołową, kminkiem, kolendrą, pieprzem i brązowym cukrem i umieścić w zamykanej próżniowo torbie. Wypuścić powietrze metodą wyciskania wody, zamknąć worek i zanurzyć go w łaźni wodnej. Gotuj przez 4 godziny.

Rozgrzej grill do wysokiej temperatury. Gdy czas się skończy, wyjmij wieprzowinę i przenieś ją na grill. Piec 3 minuty, aż się zarumienią.

Świetne kotlety schabowe z balsamikiem

Przygotowanie + czas gotowania: 3 godziny 20 minut | Porcje: 2

Składniki

2 kotlety schabowe

Sól i czarny pieprz do smaku

1 łyżka oliwy z oliwek

4 łyżki octu balsamicznego

2 łyżeczki posiekanego świeżego rozmarynu

Instrukcja obsługi

Przygotuj łaźnię wodną i umieść w niej urządzenie Sous Vide. Ustaw na 146F.

Doprawić wieprzowinę solą i pieprzem i umieścić w zamykanym próżniowo worku. Wypuścić powietrze metodą wyciskania wody, zamknąć i zanurzyć w łaźni wodnej. Gotuj przez 3 godziny. Gdy licznik czasu się skończy, wyjmij wieprzowinę i osusz.

Na patelni rozgrzej oliwę i smaż kotlety przez 5 minut, aż się zarumienią. Dodać ocet balsamiczny i doprowadzić do wrzenia. Powtarzaj przez 1 minutę. Nałóż na talerz i udekoruj rozmarynem i sosem balsamicznym.

Czerwona kapusta i ziemniaki z kiełbasą

Przygotowanie + czas gotowania: 2 godziny 20 minut | Porcje: 4

Składniki

½ główki czerwonej kapusty, pokrojonej w plasterki
1 jabłko, pokroić w małą kostkę
24 uncje czerwonych ziemniaków, poćwiartowanych
1 mała cebula, pokrojona w plasterki
¼ łyżeczki soli selerowej
2 łyżki octu jabłkowego
2 łyżki brązowego cukru
Czarny pieprz do smaku
1 kilogram wstępnie ugotowanej wędzonej kiełbasy wieprzowej, pokrojonej w plasterki
½ szklanki bulionu z kurczaka
2 łyżki masła

Instrukcja obsługi

Przygotuj łaźnię wodną i umieść w niej urządzenie Sous Vide. Ustaw na 186 F. Połącz kapustę, ziemniaki, cebulę, jabłka, cydr, brązowy cukier, czarny pieprz, seler i sól.

Umieść kiełbaski i mieszaninę w zamykanej próżniowo torbie. Wypuścić powietrze metodą wyciskania wody, zamknąć worek i zanurzyć go w łaźni wodnej. Gotuj przez 2 godziny.

Podgrzej masło w rondlu na średnim ogniu. Gdy licznik czasu się skończy, wyjmij torebkę i przenieś zawartość do garnka. Gotuj, aż płyn odparuje. Dodać kapustę, cebulę i ziemniaki i smażyć do zrumienienia. Rozłóż mieszaninę do misek do serwowania.

Filet wieprzowy z migdałami

Przygotowanie + czas gotowania: 3 godziny 20 minut | Porcje: 2

Składniki

3 łyżki oliwy z oliwek
3 łyżki musztardy
2 łyżki miodu
Sól i czarny pieprz do smaku
2 filety wieprzowe z kością
1 łyżka soku z cytryny
2 łyżeczki czerwonego octu winnego
2 łyżki oleju rzepakowego
2 szklanki mieszanej sałatki dla dzieci
2 łyżki pokrojonych w cienkie plasterki suszonych pomidorów
2 łyżeczki migdałów, prażonych

Instrukcja obsługi

Przygotuj łaźnię wodną i umieść w niej urządzenie Sous Vide. Ustaw na 138F.

Połącz 1 łyżkę oliwy z oliwek, 1 łyżkę miodu i 1 łyżkę musztardy, dopraw solą i pieprzem. Nasmaruj tył mieszanką. Umieścić w zamykanej próżniowo torbie. Wypuścić powietrze metodą wyciskania wody, zamknąć worek i zanurzyć go w łaźni wodnej. Gotuj przez 3 godziny.

W międzyczasie przygotuj dressing mieszając sok z cytryny, ocet, 2 łyżki oliwy z oliwek, 2 łyżki musztardy i resztę miodu. Doprawić solą i pieprzem. Gdy odliczanie się skończy, zdejmij pasek. Wyrzuć soki powstałe podczas gotowania. Rozgrzej olej rzepakowy na patelni na dużym ogniu i smaż boczek przez 30 sekund z każdej strony. Odstaw na 5 minut.

Na sałatkę w misce wymieszaj sałatę, suszone pomidory i migdały. Wymieszaj 3/4 sosu z sosem z filetów lustrzanych i podawaj z sałatką.

Ładna salsa wieprzowa Verde

Przygotowanie + czas gotowania: 24 godziny 25 minut | Porcje: 8)

Składniki

2 funty łopatki wieprzowej bez kości, pokrojonej w kostkę
Dodaj sól do smaku
1 łyżka mielonego kminku
1 łyżeczka świeżo zmielonego czarnego pieprzu
1 łyżka oliwy z oliwek
1 kilogram pomidorów
3 papryczki poblano, drobno przycięte i pokrojone w kostkę
½ drobno posiekanego czosnku
1 Serrano, pozbawiony nasion i pokrojony w kostkę
3 zmiażdżone ząbki czosnku
1 pęczek grubo posiekanej kolendry
1 szklanka bulionu z kurczaka
½ szklanki soku z limonki
1 łyżka oregano

Instrukcja obsługi

Przygotuj łaźnię wodną i umieść w niej urządzenie Sous Vide. Ustaw na 149 F. Dopraw wieprzowinę solą, kminkiem i pieprzem. Na patelni rozgrzać olej i smażyć wieprzowinę przez 5-7 minut.

Odłożyć na bok. Na tej samej patelni smaż pomidory, poblano, cebulę, serrano i czosnek przez 5 minut. Wlać do robota kuchennego i dodać kolendrę, sok z limonki, bulion z kurczaka i oregano. Mieszaj przez 1 minutę.

Włóż wieprzowinę i sos do zamkniętej próżniowo torebki. Wypuścić powietrze metodą wyciskania wody, zamknąć worek i zanurzyć go w łaźni wodnej. Gotuj przez 24 godziny. Gdy czas się skończy, wyjmij torebkę i przełóż ją do naczyń. Posyp solą i pieprzem na wierzchu. Podawać z ryżem.

Pikantne kokosowe żeberka wieprzowe

Przygotowanie + czas gotowania: 8 godzin 30 minut | Porcje: 4

Składniki

1/3 szklanki mleka kokosowego
2 łyżki masła kokosowego
2 łyżki sosu sojowego
2 łyżki brązowego cukru
2 łyżki białego wytrawnego wina
1 łodyga trawy cytrynowej, posiekana
1 łyżka sosu Sriracha
1 łyżka startego świeżego imbiru
2 ząbki czosnku, posiekane
2 łyżki oleju sezamowego
1 kilogram żeberek wieprzowych bez kości
Posiekana świeża kolendra
Podawać z gotowanym ryżem basmati

Instrukcja obsługi

Przygotuj łaźnię wodną i umieść w niej urządzenie Sous Vide. Ustaw na 134F.

W robocie kuchennym wymieszaj mleko kokosowe, masło kokosowe, sos sojowy, brązowy cukier, wino, trawę cytrynową, imbir, sos sriracha, czosnek i olej sezamowy, aż uzyskasz gładką masę.

Umieścić żeberka i oczyścić mieszaniną w zamykanym próżniowo worku. Wypuścić powietrze metodą wyciskania wody, zamknąć worek i zanurzyć go w łaźni wodnej. Gotuj przez 8 godzin.

Gdy timer się skończy, wyjmij żeberka i przełóż je na talerz. Podgrzej garnek na średnim ogniu i zalej powstały z gotowania sok. Gotuj przez 10-15 minut. Dodaj żeberka do sosu i dobrze wymieszaj. Gotuj przez 5 minut. Udekoruj kolendrą i podawaj z ryżem.

Soczyste Żeberka BBQ Baby

Przygotowanie + czas gotowania: 16 godzin 50 minut | Porcje: 5

Składniki

4 kilogramy żeberek wieprzowych
3 ½ szklanki sosu BBQ
⅓ szklanki przecieru pomidorowego
4 cebule, posiekane
2 łyżki posiekanej świeżej natki pietruszki

Instrukcja obsługi

Przygotuj łaźnię wodną i umieść w niej urządzenie Sous Vide. Ustaw na 162F.

Umieść pojedyncze żeberka w zamykanej próżniowo torbie z 3 szklankami sosu BBQ. Wypuścić powietrze metodą wyciskania wody, zamknąć worek i zanurzyć go w łaźni wodnej. Gotuj przez 16 godzin.

W misce wymieszaj pozostały sos BBQ i przecier pomidorowy. Odstawić do lodówki.

Gdy minutnik się skończy, usuń żeberka i osusz ręcznikiem kuchennym. Wyrzuć soki powstałe podczas gotowania.

Rozgrzej piekarnik do 300 F. Posmaruj żeberka sosem BBQ po obu stronach i przenieś do piekarnika. Piec przez 10 minut. Ponownie posmaruj sosem i piecz przez kolejne 30 minut. Udekoruj cebulą i natką pietruszki i podawaj.

Filet wieprzowy z czosnkiem

Przygotowanie + czas gotowania: 2 godziny 8 minut | Porcje: 3

Składniki:

1 kilogram filetu wieprzowego
1 szklanka bulionu warzywnego
2 ząbki czosnku, posiekane
1 łyżeczka sproszkowanego czosnku
3 łyżki oliwy z oliwek
Sól i czarny pieprz do smaku

Wskazówki:

Przygotuj łaźnię wodną, umieść w niej urządzenie Sous Vide i ustaw na 136F.

Mięso dobrze opłucz i osusz papierowym ręcznikiem. Natrzeć proszkiem czosnkowym, solą i czarnym pieprzem. Umieścić w dużym zamykanym próżniowo worku z bulionem i posiekanym czosnkiem. Zamknij torebkę i zanurz w łaźni wodnej. Gotuj przez 2 godziny. Wyjąć filet z torebki i osuszyć papierowym ręcznikiem.

Rozgrzej olej na dużej patelni. Smaż filet po 2-3 minuty z każdej strony. Pokrój wieprzowinę w plasterki, ułóż na talerzu i polej sosem z patelni. Podawać.

Pikantna polędwiczka wieprzowa z tymiankiem i czosnkiem

Przygotowanie + czas gotowania: 2 godziny 25 minut | Porcje: 8

Składniki

2 łyżki masła
1 łyżka proszku cebulowego
1 łyżka mielonego kminku
1 łyżka kolendry
1 łyżka suszonego rozmarynu
Dodaj sól do smaku
1 (3 kilogramy) filet wieprzowy bez skóry
1 łyżka oliwy z oliwek

Instrukcja obsługi

Przygotuj łaźnię wodną i umieść w niej urządzenie Sous Vide. Ustaw na 140F.

Połączyć proszek cebulowy, kminek, proszek czosnkowy, rozmaryn i sól limonkową. Natrzyj wieprzowinę najpierw oliwą z oliwek i solą, a następnie mieszanką cebulową.

Umieścić w zamykanej próżniowo torbie. Wypuścić powietrze metodą wyciskania wody, zamknąć worek i zanurzyć go w łaźni wodnej. Gotuj przez 2 godziny.

Gdy minutnik się skończy, wyjmij wieprzowinę i osusz ją papierowym ręcznikiem. Wyrzuć soki powstałe podczas gotowania. Na patelni rozgrzej masło na dużym ogniu i smaż wieprzowinę przez 3-4 minuty, aż będzie rumiana ze wszystkich stron. Odstawić do ostygnięcia na 5 minut i pokroić w medaliony.

Kotlety schabowe z sosem grzybowym

Przygotowanie + czas gotowania: 1 godzina 10 minut | Porcje: 3

Składniki:

3 (8 uncji) kotlety wieprzowe
Sól i czarny pieprz do smaku
3 łyżki masła, niesolonego
6 uncji grzybów
½ szklanki bulionu wołowego
2 łyżki sosu Worcestershire
3 łyżki posiekanego szczypiorku czosnkowego do dekoracji

Wskazówki:

Przygotuj łaźnię wodną, umieść ją w Sous Vide i ustaw na 140 F. Natrzyj kotlety schabowe solą i pieprzem i włóż do zamykanej próżniowo torebki. Wypuścić powietrze metodą wyciskania wody, zamknąć worek i zanurzyć go w łaźni wodnej. Ustaw timer na 55 minut.

Gdy licznik czasu się skończy, wyjmij i otwórz torebkę. Wyjąć wieprzowinę i osuszyć papierowym ręcznikiem. Wyrzucić soki. Postaw patelnię na średnim ogniu i dodaj 1 łyżkę masła. Smaż wieprzowinę po 2 minuty z obu stron. Odłożyć na bok. Gdy są jeszcze gorące, dodaj grzyby na patelnię i smaż przez 5 minut. Wyłącz ogień, dodaj resztę masła i mieszaj, aż masło się rozpuści. Doprawić pieprzem i solą. Podawaj kotlety schabowe z sosem grzybowym.

Słodkie kiełbaski jabłkowe

Przygotowanie + czas gotowania: 55 minut | Porcje: 4

Składniki

¾ łyżeczki oliwy z oliwek
4 włoskie kiełbaski
4 łyżki soku jabłkowego

Instrukcja obsługi

Przygotuj łaźnię wodną i umieść w niej urządzenie Sous Vide. Ustaw na 162F.

Umieść kiełbaski i 1 łyżkę cydru na kiełbasę w zamykanym próżniowo worku. Wypuścić powietrze metodą wyciskania wody, zamknąć worek i zanurzyć go w łaźni wodnej. Gotuj przez 45 minut.

Rozgrzej olej na patelni na średnim ogniu. Gdy timer się skończy, wyjmij kiełbaski, przenieś je na patelnię i smaż przez 3-4 minuty, aż się zarumienią.

Tacos ze słodką pomarańczową wieprzowiną

Przygotowanie + czas gotowania: 7 godzin 10 minut | Porcje: 8

Składniki

½ szklanki soku pomarańczowego
4 łyżki miodu
2 łyżki świeżego czosnku, posiekanego
2 łyżki świeżego imbiru, posiekanego
2 łyżki sosu Worcestershire
2 łyżeczki sosu hoisin
2 łyżeczki sosu sriracha
½ skórki pomarańczowej
1 kilogram łopatki wieprzowej
8 tortilli pszennych, podgrzanych
½ szklanki posiekanej świeżej kolendry
1 limonka, pokrojona w plasterki

Instrukcja obsługi

Przygotuj łaźnię wodną i umieść w niej urządzenie Sous Vide. Ustaw na 175F.

Dobrze wymieszaj sok pomarańczowy, 3 łyżki miodu, czosnek, imbir, sos Worcestershire, sos Hoisin, Sriracha i skórkę pomarańczową.

Włóż wieprzowinę do worka próżniowego i dodaj pomarańczę do sosu. Wypuścić powietrze metodą wyciskania wody, zamknąć worek i zanurzyć go w łaźni wodnej. Gotuj przez 7 godzin.

Gdy czas się skończy, wyjmij wieprzowinę i przenieś ją na blachę do pieczenia. Zarezerwuj soki z gotowania.

Rozgrzej garnek na średnim ogniu i zalej soki resztą miodu. Gotuj przez 5 minut, aż zacznie bulgotać i zredukować o połowę. Posmaruj sosem wieprzowinę. Napełnij tortille wieprzowiną. Udekoruj kolendrą i dodaj resztę dressingu.

Meksykańskie carnitas wieprzowe z salsą roy

Przygotowanie + czas gotowania: 49 godzin 40 minut | Porcje: 8

Składniki

3 łyżki oliwy z oliwek
2 łyżki płatków czerwonej papryki
Dodaj sól do smaku
2 łyżeczki ostrego meksykańskiego chili w proszku
2 łyżeczki suszonego oregano
½ łyżeczki mielonego cynamonu
2¼ kilograma łopatki wieprzowej bez kości
4 małe dojrzałe pomidory, pokrojone w kostkę
¼ czerwonej cebuli, posiekanej
¼ szklanki posiekanych liści kolendry
Świeżo wyciśnięty sok z cytryny
8 tortilli kukurydzianych

Instrukcja obsługi

Dobrze wymieszaj płatki papryki, sól koszerną, ostre meksykańskie chili w proszku, oregano i cynamon. Pokryj wieprzowinę mieszanką chili i przykryj folią aluminiową. Pozostawić do ostygnięcia na 1 godzinę.

Przygotuj łaźnię wodną i włóż do niej sous vide. Ustaw na 159 F. Umieść wieprzowinę w zamykanej próżniowo torbie. Wypuścić powietrze metodą wyciskania wody, zamknąć i zanurzyć w łaźni wodnej. Gotuj przez 48 godzin. 15 minut przed końcem wymieszaj pomidory, cebulę i kolendrę. Dodaj sok z cytryny i sól.

Gdy licznik czasu się skończy, wyjmij torebkę i przenieś wieprzowinę na deskę do krojenia. Wyrzuć soki powstałe podczas gotowania. Ciągnij mięso, aż zostanie rozdrobnione. Rozgrzej olej roślinny na patelni na średnim ogniu i smaż mieloną wieprzowinę, aż stanie się chrupiąca i chrupiąca. Napełnij tortillę wieprzowiną. Posyp salsą roja i podawaj.

Tacos z kurczakiem chili i chorizo z serem

Przygotowanie + czas gotowania: 3 godziny 25 minut | Porcje: 8

Składniki

2 kiełbaski wieprzowe, pozbawione wnętrzności

1 papryka poblano, łodygi i nasiona

½ papryczki jalapeño, łodyga i nasiona

4 cebule, posiekane

1 pęczek świeżych liści kolendry

½ szklanki posiekanej świeżej pietruszki

3 ząbki czosnku

2 łyżki soku z limonki

1 łyżeczka soli

¾ łyżeczki mielonej kolendry

¾ łyżeczki mielonego kminku

4 piersi z kurczaka bez skóry i kości, pokrojone w plasterki

1 łyżka oleju roślinnego

½ drobno posiekanej żółtej cebuli

8 kukurydzianych łupin taco

3 łyżki sera Provolone

1 pomidor

1 sałata lodowa, posiekana

Instrukcja obsługi

Umieść ½ szklanki wody, papryczkę poblano, papryczkę jalapeño, szalotkę, kolendrę, pietruszkę, czosnek, sok z limonki, sól, kolendrę i kminek w blenderze i zmiksuj na gładką masę. Umieść paski kurczaka i mieszankę papryki w zamykanej próżniowo torbie. Przełożyć do lodówki i odstawić na 1 godzinę.

Przygotuj łaźnię wodną i włóż do niej sous vide. Ustaw na 141 F. Umieść mieszaninę kurczaka w kąpieli. Gotuj przez 1 godzinę i 30 minut.

Na patelni rozgrzej oliwę na średnim ogniu i smaż cebulę przez 3 minuty. Dodaj chorizo i gotuj przez 5-7 minut. Gdy czas się skończy, wyjmij kurczaka. Wyrzuć soki powstałe podczas gotowania. Dodaj kurczaka i dobrze wymieszaj. Napełnij tortille mieszanką kurczaka i chorizo. Posyp serem, pomidorem i sałatą. Podawać.

Mięso z kurczaka z warzywami

Przygotowanie + czas gotowania: 2 godziny 15 minut | Porcje: 2

Składniki:

1 kilogram piersi z kurczaka bez kości i skóry
1 szklanka posiekanej czerwonej papryki
1 szklanka posiekanej zielonej papryki
1 szklanka cukinii, pokrojonej w plasterki
½ szklanki cebuli, posiekanej
1 szklanka różyczek kalafiora
½ szklanki świeżo wyciśniętego soku z cytryny
½ szklanki bulionu z kurczaka
½ łyżeczki mielonego imbiru
1 łyżeczka różowej soli himalajskiej

Wskazówki:

W misce wymieszaj sok z cytryny z bulionem z kurczaka, imbirem i solą. Dobrze wymieszaj i dodaj posiekane warzywa. Odłożyć na bok. Dobrze opłucz pierś kurczaka pod zimną bieżącą wodą. Mięso pokroić ostrym nożem na kawałki wielkości kęsa.

Połączyć z innymi składnikami i dobrze wymieszać. Przenieść do dużej zamykanej próżniowo torby i zamknąć. Gotuj w trybie Sous Vide przez 2 godziny w temperaturze 167 stopni. Natychmiast podawaj.

Lekko pikantny kurczak w miodzie

Przygotowanie + czas gotowania: 1 godzina 45 minut | Porcje: 4

Składniki

8 łyżek masła

8 ząbków czosnku, posiekanych

6 łyżek sosu chili

1 łyżeczka kminku

4 łyżki miodu

Sok z 1 limonki

Sól i czarny pieprz do smaku

4 piersi z kurczaka bez kości i skóry

Instrukcja obsługi

Przygotuj łaźnię wodną i umieść w niej urządzenie Sous Vide. Ustaw na 141F.

Rozgrzej garnek na średnim ogniu i dodaj masło, czosnek, kminek, sos chili, cukier, sok z limonki oraz szczyptę soli i pieprzu. Gotuj przez 5 minut. Odłożyć na bok i pozostawić do ostygnięcia.

Kurczaka doprawić solą i pieprzem i umieścić w 4 zamykanych torebkach z marynatą. Odpowietrzyć metodą wyciskania wody, zamknąć i namoczyć worki w kąpieli wodnej. Gotuj przez 1 godzinę i 30 minut.

Gdy licznik czasu się skończy, wyjmij kurczaka i osusz go papierowym ręcznikiem. Zarezerwuj połowę soków z gotowania z każdej torebki i przenieś do rondla na średnim ogniu. Gotuj, aż sos się zagotuje, następnie dodaj kurczaka i smaż przez 4 minuty. Wyjąć kurczaka i pokroić w plasterki. Podawać z ryżem.

Klasyczny kurczak Cordon Bleu

Przygotowanie + czas gotowania: 1 godzina 50 minut + czas chłodzenia | Porcje: 4

Składniki

½ szklanki masła
4 piersi z kurczaka bez kości i skóry
Sól i czarny pieprz do smaku
1 łyżeczka pieprzu cayenne
4 ząbki czosnku, posiekane
8 plasterków szynki
8 plasterków sera Emmentaler

Instrukcja obsługi

Przygotuj łaźnię wodną i umieść w niej urządzenie Sous Vide. Podgrzej do 141 F. Dopraw kurczaka solą i pieprzem. Przykryj plastikową folią i zwiń. Odłożyć na bok i pozostawić do ostygnięcia.

Podgrzej garnek na średnim ogniu i dodaj czarny pieprz, pieprz cayenne, 1/4 szklanki masła i czosnek. Gotuj, aż masło się roztopi. Przełożyć do miski.

Natrzeć kurczaka masłem z jednej strony. Następnie połóż 2 plasterki szynki i 2 plasterki sera i przykryj. Każdą pierś zawiń w folię i włóż do lodówki na 2-3 godziny lub do zamrażarki na 20-30 minut.

Umieść mostek w dwóch workach próżniowych. Odpowietrzyć metodą wyciskania wody, zamknąć i namoczyć worki w kąpieli wodnej. Gotuj przez 1 godzinę i 30 minut.

Gdy licznik czasu się skończy, usuń piersi i usuń plastik. Na patelni rozgrzać resztę masła na średnim ogniu i smażyć kurczaka po 1-2 minuty z każdej strony.

Chrupiący domowy kurczak

Przygotowanie + czas gotowania: 3 godziny 20 minut | Porcje: 8)

Składniki

½ łyżki suszonej bazylii
2¼ szklanki kwaśnej śmietany
8 udek z kurczaka
Sól i biały pieprz do smaku
½ szklanki oleju roślinnego
3 szklanki mąki
2 łyżki sproszkowanego czosnku
1 ½ łyżki pieprzu cayenne w proszku
1 łyżka suszonej musztardy

Instrukcja obsługi

Przygotuj łaźnię wodną i umieść w niej urządzenie Sous Vide. Dostosuj do 156 F. Dopraw solą do kurczaka i umieść w zamykanej próżniowo torbie. Wypuścić powietrze metodą wyciskania wody, zamknąć i zanurzyć w łaźni wodnej. Gotuj przez 3 godziny. Gdy licznik czasu się skończy, wyjmij kurczaka i osusz go papierowym ręcznikiem.

W misce wymieszaj sól, mąkę, czosnek w proszku, biały pieprz, pieprz cayenne w proszku, musztardę, biały pieprz i bazylię. Do drugiej miski włóż śmietanę.

Zanurzaj kurczaka w mieszance mącznej, następnie w śmietanie i ponownie w mieszance mącznej. Rozgrzej olej na patelni na średnim ogniu. Dodaj brzozy i smaż przez 3-4 minuty, aż będą chrupiące. Podawać.

Pikantne piersi z kurczaka

Przygotowanie + czas gotowania: 1 godzina 40 minut | Porcje: 4

Składniki

½ szklanki sosu chili

2 łyżki masła

1 łyżka białego octu

1 łyżka octu szampańskiego

4 piersi z kurczaka przekrojone na pół

Sól i czarny pieprz do smaku

Instrukcja obsługi

Przygotuj łaźnię wodną i umieść w niej urządzenie Sous Vide. Ustaw na 141F.

Rozgrzej garnek na średnim ogniu i wymieszaj z sosem chili, 1 łyżką masła i octem. Gotuj, aż masło się roztopi. Odłożyć na bok.

Dopraw kurczaka solą i pieprzem i umieść w dwóch workach próżniowych z mieszanką chili. Odpowietrzyć metodą wyciskania wody, zamknąć i namoczyć worki w kąpieli wodnej. Gotuj przez 1 godzinę i 30 minut.

Gdy czas się skończy, wyjmij kurczaka i przenieś go na blachę do pieczenia. Wyrzuć soki powstałe podczas gotowania. Na patelni na dużym ogniu rozgrzej pozostałe masło i smaż kurczaka po 1 minucie z każdej strony. Pokroić w paski. Podawać z sałatką.

Pikantne wrapy z sałatą i kurczakiem imbirowo-chili

Przygotowanie + czas gotowania: 1 godzina 45 minut | Porcje: 5

Składniki

½ szklanki sosu hoisin
½ szklanki słodkiego sosu chili
3 łyżki sosu sojowego
2 łyżki startego imbiru
2 łyżki mielonego imbiru
1 łyżka brązowego cukru
2 ząbki czosnku, posiekane
Sok z 1 limonki
4 pokrojone w kostkę piersi z kurczaka
Sól i czarny pieprz do smaku
12 liści sałaty, opłukanych
⅛ szklanki maku
4 szczypiorek

Instrukcja obsługi

Przygotuj łaźnię wodną i włóż do niej sous vide. Ustaw na 141 F. Wymieszaj sos chili, imbir, sos sojowy, brązowy cukier, czosnek i sok z połowy limonki. Podgrzej garnek na średnim ogniu i wlej mieszaninę. Gotuj przez 5 minut. Odłożyć na bok.

Piersi doprawiamy solą i pieprzem. Ułóż je równą warstwą w zamykanej próżniowo torbie z mieszanką sosu chili. Wypuścić powietrze metodą wyciskania wody, zamknąć worek i zanurzyć go w łaźni wodnej. Gotuj przez 1 godzinę i 30 minut.

Gdy licznik czasu się skończy, wyjmij kurczaka i osusz go ręcznikiem papierowym. Wyrzuć soki powstałe podczas gotowania. Połączyć sos hoisin z kostkami kurczaka i dobrze wymieszać. Ułóż 6 liści sałaty.

Kurczaka podzielić na liście sałaty i przed zawinięciem posypać makiem i szczypiorkiem.

Aromatyczne cytrynowe piersi z kurczaka

Przygotowanie + czas gotowania: 1 godzina 50 minut | Porcje: 4

Składniki

3 łyżki masła
4 piersi z kurczaka bez kości i skóry
Sól i czarny pieprz do smaku
Skórka i sok z 1 cytryny
¼ szklanki gęstej śmietanki
2 łyżki bulionu z kurczaka
1 łyżka posiekanych świeżych liści szałwii
1 łyżka oliwy z oliwek
3 ząbki czosnku, posiekane
1/4 szklanki czerwonej cebuli, posiekanej
1 duża cytryna pokrojona w cienkie plasterki

Instrukcja obsługi

Przygotuj łaźnię wodną i umieść w niej urządzenie Sous Vide. Podgrzej do 141 F. Dopraw mostek solą i pieprzem.

Podgrzej rondelek na średnim ogniu i wymieszaj sok i skórkę z cytryny, gęstą śmietanę, 2 łyżki masła, bulion z kurczaka, szałwię, oliwę z oliwek, czosnek i czerwoną cebulę. Gotuj, aż masło się roztopi. Umieść piersi w dwóch zamykanych próżniowo torebkach z mieszanką masła cytrynowego. Dodaj plasterki cytryny. Wypuścić powietrze metodą wyciskania wody, zamknąć worki i zanurzyć je w kąpieli. Gotuj przez 90 minut.

Gdy minutnik się skończy, usuń piersi i osusz je papierowym ręcznikiem. Wyrzuć soki powstałe podczas gotowania. Na patelni rozgrzej resztę masła i smaż pierś po 1 minucie z każdej strony. Pierś pokroić w paski. Podawać z ryżem.

Kurczak z musztardą i czosnkiem

Przygotowanie + czas gotowania: 60 minut | Porcje: 5

Składniki:

17 uncji piersi z kurczaka
1 łyżka musztardy Dijon
2 łyżki musztardy w proszku
2 łyżeczki sosu pomidorowego
3 łyżki masła
1 łyżeczka soli
3 łyżeczki mielonego czosnku
¼ szklanki sosu sojowego

Wskazówki:

Przygotuj łaźnię wodną i umieść w niej urządzenie Sous Vide. Ustaw na 150 F. Umieść wszystkie składniki w torebce próżniowej i potrząśnij, aby połączyć. Wypuścić powietrze metodą wyciskania wody, zamknąć worek i zanurzyć go w łaźni wodnej. Ustaw timer na 50 minut. Gdy czas się skończy, wyjmij kurczaka i pokrój go w plasterki. Podawać na ciepło.

Cały kurczak

Przygotowanie + czas gotowania: 6 godzin 40 minut | Porcje: 6

Składniki:

1 średni cały kurczak
3 ząbki czosnku
3 uncje posiekanych łodyg selera
3 łyżki musztardy
Sól i czarny pieprz do smaku
1 łyżka masła

Wskazówki:

Przygotuj łaźnię wodną i umieść w niej urządzenie Sous Vide. Ustaw na 150 F. Połącz wszystkie składniki w torebce próżniowej. Wypuść powietrze metodą wyciskania wody, zamknij i zanurz worek w wannie. Ustaw timer na 6 godzin i 30 minut. Po zakończeniu poczekaj, aż kurczak lekko ostygnie przed pokrojeniem.

Pyszne skrzydełka z kurczaka z sosem bawolym

Przygotowanie + czas gotowania: 3 godziny | Porcje: 3

Składniki

3 kilogramy skrzydełek z kurczaka kapłona
2 ½ szklanki sosu bawolego
1 pęczek świeżej pietruszki

Instrukcja obsługi

Przygotuj łaźnię wodną i umieść w niej urządzenie Sous Vide. Ustaw na 148F.

Dopraw skrzydełka kapłona solą i pieprzem. Włóż do worka próżniowego z 2 szklankami sosu bawolego. Wypuścić powietrze metodą wyciskania wody, zamknąć worek i zanurzyć go w łaźni wodnej. Gotuj przez 2 godziny. Rozgrzej piekarnik, aż będzie gotowy.

Gdy czas się skończy, wyjmij skrzydełka i przełóż je do miski. Wlać resztę sosu bawolego i dobrze wymieszać. Skrzydełka przekładamy na blachę wyłożoną folią aluminiową i zalewamy resztą sosu. Piecz przez 10 minut, obracając przynajmniej raz. Udekoruj pietruszką.

Pyszne udka z kurczaka z sosem słodko-limonkowym

Przygotowanie + czas gotowania: 14 godzin 30 minut | Porcje: 8

Składniki

¼ szklanki oliwy z oliwek

12 nóżek z kurczaka

4 czerwone papryki, posiekane

6 cebul dymki, posiekanych

4 ząbki czosnku, posiekane

1 uncja świeżego imbiru, posiekanego

½ szklanki sosu Worcestershire

¼ szklanki soku z limonki

2 łyżki skórki z limonki

2 łyżki cukru

2 łyżki świeżych liści tymianku

1 łyżka ziela angielskiego

Sól i czarny pieprz do smaku

1 łyżeczka mielonej gałki muszkatołowej

Instrukcja obsługi

W robocie kuchennym umieść paprykę, cebulę, czosnek, imbir, sos Worcestershire, oliwę z oliwek, sok i skórkę z limonki, cukier, tymianek, ziele angielskie, sól, czarny pieprz i gałkę muszkatołową. i zamieszaj. Zarezerwuj 1/4 szklanki sosu.

Umieść kurczaka i sos limonkowy w zamykanej próżniowo torbie. Wypuścić powietrze metodą wypierania wody. Przełożyć do lodówki i pozostawić do marynowania na 12 godzin.

Przygotuj łaźnię wodną i umieść w niej urządzenie Sous Vide. Ustawić na 152 F. Uszczelnić i namoczyć torebkę w łaźni wodnej. Gotuj przez 2 godziny. Gdy licznik czasu się skończy, wyjmij kurczaka i osusz go papierowym ręcznikiem. Wyrzuć soki powstałe podczas gotowania. Posmaruj kurczaka zarezerwowanym sosem limonkowym. Rozgrzej patelnię na dużym ogniu i smaż kurczaka po 30 sekund z każdej strony.

Pierś z kurczaka z sosem cajun

Przygotowanie + czas gotowania: 1 godzina 55 minut | Porcje: 4

Składniki

2 łyżki masła
4 piersi z kurczaka bez kości i skóry
Sól i czarny pieprz do smaku
1 łyżeczka kminku
½ szklanki marynaty do kurczaka Cajun

Instrukcja obsługi

Przygotuj łaźnię wodną i umieść w niej urządzenie Sous Vide. Ustaw na 141 F. Dopraw piersi solą i pieprzem i umieść je w dwóch zamkniętych próżniowo torebkach z sosem cajun. Odpowietrzyć metodą wyciskania wody, zamknąć i namoczyć worki w kąpieli wodnej. Gotuj przez 1 godzinę i 30 minut.

Gdy licznik czasu się skończy, wyjmij kurczaka i osusz go. Wyrzuć soki powstałe podczas gotowania. Na patelni rozgrzej masło na dużym ogniu i smaż pierś po 1 minucie z każdej strony. Pokrój piersi i podawaj.

Pierś z kurczaka Sriracha

Przygotowanie + czas gotowania: 1 godzina 55 minut | Porcje: 4

Składniki

8 łyżek masła pokrojonego w kostkę
1 kilogram piersi kurczaka bez kości i skóry
Sól i czarny pieprz do smaku
1 łyżeczka gałki muszkatołowej
1 ½ szklanki sosu sriracha

Instrukcja obsługi

Przygotuj łaźnię wodną i umieść w niej urządzenie Sous Vide. Ustaw na 141F.

Piersi doprawiamy solą, gałką muszkatołową i pieprzem. umieścić w dwóch zapieczętowanych próżniowo torebkach z sosem sriracha. Odpowietrzyć metodą wyciskania wody, zamknąć i namoczyć worki w kąpieli wodnej. Gotuj przez 1 godzinę i 30 minut.

Gdy licznik czasu się skończy, wyjmij kurczaka i osusz go papierowym ręcznikiem. Wyrzuć soki powstałe podczas gotowania. Na patelni rozgrzej masło na dużym ogniu i smaż piersi po 1 minucie z każdej strony. Pierś pokroić na małe kawałki.

Kurczak pietruszkowy z sosem curry

Przygotowanie + czas gotowania: 2 godziny 35 minut | Porcje: 4

Składniki

4 piersi z kurczaka bez kości i skóry
Sól i czarny pieprz do smaku
1 łyżka tymianku
1 łyżka natki pietruszki
5 szklanek maślanego sosu curry

Instrukcja obsługi

Przygotuj łaźnię wodną i umieść w niej urządzenie Sous Vide. Ustaw na 141F.

Kurczaka dopraw solą, tymiankiem, natką pietruszki i pieprzem. Umieścić w dwóch zamykanych próżniowo torebkach z sosem. Odpowietrzyć metodą wyciskania wody, zamknąć i namoczyć worki w kąpieli wodnej. Gotuj przez 1 godzinę i 30 minut.

Gdy licznik czasu się skończy, wyjmij kurczaka i osusz go ręcznikiem papierowym. Zarezerwuj soki do zupy. Rozgrzej garnek na dużym ogniu i wlej sok. Gotować 10 minut, aż się zredukuje. Kurczaka pokroić na kawałki i dodać do sosu. Gotuj przez 2-3 minuty. Natychmiast podawaj.

Pierś z kurczaka glazurowana parmezanem

Przygotowanie + czas gotowania: 65 minut | Porcje: 4

Składniki:

2 piersi z kurczaka bez skóry i kości
1 ½ szklanki pesto bazyliowego
½ szklanki zmielonych orzechów makadamia
¼ szklanki startego parmezanu
3 łyżki oliwy z oliwek

Wskazówki:

Przygotuj łaźnię wodną, włóż sous vide i ustaw na 65 F. Pokrój kurczaka na kawałki wielkości kęsa i przykryj pesto. Umieść kurczaka w dwóch oddzielnych workach próżniowych, nie przykrywając ich.

Wypuścić powietrze metodą wyciskania wody i zamknąć worki. Zanurz je w łaźni wodnej i ustaw timer na 50 minut. Gdy odliczanie się skończy, wyjmij i otwórz torby.

Kawałki kurczaka przełóż na talerz bez soku. Posyp orzechami makadamia i serem na wierzchu i dobrze przykryj. Postaw patelnię na dużym ogniu, dodaj oliwę z oliwek. Gdy olej będzie gorący, szybko smaż powlekanego kurczaka przez 1 minutę. Odcedź tłuszcz. Podawać jako przekąskę.

Mielony kurczak z pomidorami

Przygotowanie + czas gotowania: 100 minut | Porcje: 4

Składniki:

1 kilogram mielonego kurczaka
2 łyżki przecieru pomidorowego
¼ szklanki bulionu z kurczaka
¼ szklanki soku pomidorowego
1 łyżka cukru białego
1 łyżeczka tymianku
1 łyżka proszku cebulowego
½ łyżeczki oregano

Wskazówki:

Przygotuj łaźnię wodną i umieść w niej urządzenie Sous Vide. Ustaw na 147F.

Wszystkie składniki oprócz kurczaka wymieszaj w rondlu. Gotuj na średnim ogniu przez 2 minuty. Przełożyć do zamykanej próżniowo torebki. Wypuść powietrze metodą wyciskania wody, zamknij i zanurz worek w wannie. Gotuj przez 80 minut. Po tym czasie wyjmij torebkę i pokrój w plasterki. Podawać na ciepło.

Gulasz z kurczaka z grzybami

Przygotowanie + czas gotowania: 1 godzina 5 minut | Porcje: 2

Składniki:

2 średnie udka z kurczaka bez skóry
½ szklanki pieczonych na ogniu pomidorów, pokrojonych w kostkę
½ szklanki bulionu z kurczaka
1 łyżka przecieru pomidorowego
½ szklanki pieczarek, posiekanych
1 średnia łodyga selera
1 mała marchewka, posiekana
1 mała cebula, posiekana
1 łyżka świeżej bazylii, posiekanej
1 ząbek czosnku, zmiażdżony
Sól i czarny pieprz do smaku

Wskazówki:

Przygotuj łaźnię wodną, włóż do niej sous vide i ustaw na 129 F. Natrzyj uda solą i pieprzem. Odłożyć na bok. Łodygę selera pokroić na półcentymetrowe kawałki.

Teraz włóż mięso do dużego zamykanego próżniowo worka z cebulą, marchewką, grzybami, łodygą selera i pieczonymi w ogniu pomidorami. Zanurz zamkniętą torebkę w łaźni wodnej i ustaw timer na 45 minut.

Gdy czas się skończy, wyjmij torebkę z łaźni wodnej i otwórz ją. Mięso powinno łatwo odchodzić od kości, dlatego należy usunąć kości.

W średnim rondlu rozgrzej oliwę i dodaj czosnek. Gotuj około 3 minuty, cały czas mieszając. Dodać zawartość torebki, bulion z kurczaka i przecier pomidorowy. Doprowadzić do wrzenia i zmniejszyć ogień do średniego. Gotuj przez kolejne 5 minut, od czasu do czasu mieszając. Podawać posypane bazylią.

Najłatwiejsza pierś z kurczaka bez przysmażania

Przygotowanie + czas gotowania: 75 minut | Porcje: 3

Składniki:

1 funt piersi z kurczaka, bez kości
Sól i czarny pieprz do smaku
1 łyżeczka sproszkowanego czosnku

Wskazówki:

Przygotuj łaźnię wodną, ustaw w niej sous vide i ustaw na 150 F. Pierś kurczaka osusz i dopraw solą, czosnkiem w proszku i pieprzem. Kurczaka włóż do zamykanego próżniowo worka, usuń powietrze metodą wyciskania wody i zamknij.

Włóż do wody i ustaw timer, aby gotować przez 1 godzinę. Gdy licznik czasu się skończy, wyjmij i otwórz torebkę. Wyjmij kurczaka i pozostaw do ostygnięcia do późniejszego wykorzystania.

Pomarańczowe udka z kurczaka

Przygotowanie + czas gotowania: 2 godziny | Porcje: 4

Składniki:

2 kilogramy udek z kurczaka
2 małe chilli, posiekane
1 szklanka bulionu z kurczaka
1 cebula, posiekana
½ szklanki świeżo wyciśniętego soku pomarańczowego
1 łyżeczka ekstraktu pomarańczowego w płynie
2 łyżki oleju roślinnego
1 łyżeczka mieszanki przypraw do grilla
Udekoruj świeżą natką pietruszki

Wskazówki:

Przygotuj łaźnię wodną, ustaw w niej Sous Vide i ustaw na 167F.

W dużym garnku rozgrzej oliwę z oliwek. Dodaj posiekaną cebulę i smaż mieszając przez 3 minuty na średnim ogniu, aż będzie przezroczysta.

W robocie kuchennym wymieszaj sok pomarańczowy z papryczką chili i ekstraktem pomarańczowym. Pulsuj, aż dobrze się połączą.

Wlać mieszaninę do garnka i zmniejszyć ogień. Gotuj na małym ogniu przez 10 minut.

Posmaruj kurczaka mieszanką przypraw do grilla i włóż do garnka. Dodaj bulion z kurczaka i gotuj, aż połowa płynu odparuje. Przenieść do dużej zamykanej próżniowo torby i zamknąć. Zanurz torebkę w łaźni wodnej i gotuj przez 45 minut. Gdy czas się skończy, wyjmij torebkę z łaźni wodnej i otwórz ją. Udekoruj świeżą natką pietruszki i podawaj.

Tymiankowy kurczak z cytryną

Przygotowanie + czas gotowania: 2 godziny 15 minut | Porcje: 3

Składniki:

3 udka z kurczaka
Sól i czarny pieprz do smaku
3 plasterki cytryny
3 gałązki tymianku
3 łyżki oliwy z oliwek do smażenia

Wskazówki:

Przygotuj łaźnię wodną, włóż do niej sous vide i ustaw na 165 F. Dopraw kurczaka solą i pieprzem. Na wierzchu ułóż plasterki cytryny i gałązki tymianku. Umieść je w zamykanej próżniowo torbie, wypuść powietrze metodą wyciskania wody i zamknij torebkę. Zanurz w worku z wodą i ustaw timer na 2 godziny.

Gdy licznik czasu się skończy, wyjmij i otwórz torebkę. Rozgrzej oliwę z oliwek na żeliwnej patelni na dużym ogniu. Włóż udka z kurczaka na patelnię, skórą do dołu i smaż na złoty kolor. Udekoruj dodatkowymi cząstkami cytryny. Podawane z ryżem kostnym.

Sałatka z kurczakiem i papryką

Przygotowanie + czas gotowania: 1 godzina 15 minut | Porcje: 4

Składniki:

4 piersi z kurczaka bez kości i skóry
¼ szklanki oleju roślinnego plus trzy łyżki do sałatki
1 średnia cebula, obrana i posiekana
6 pomidorków koktajlowych przekrojonych na pół
Sól i czarny pieprz do smaku
1 szklanka sałaty, posiekanej
2 łyżki świeżo wyciśniętego soku z cytryny

Wskazówki:

Przygotuj łaźnię wodną, ustaw w niej Sous Vide i ustaw na 149F.

Mięso dokładnie opłucz pod zimną wodą i osusz papierowym ręcznikiem. Mięso pokroić na kawałki wielkości kęsa i umieścić w zamykanej próżniowo torbie z ¼ szklanki oleju i zamknąć. Zanurz torbę w łaźni wodnej. Gdy licznik czasu się skończy, wyjmij kurczaka z torby, osusz go i ostudź do temperatury pokojowej.

W dużej misce wymieszaj cebulę, pomidory i sałatę. Na koniec dodajemy piersi z kurczaka, dodajemy trzy łyżki oliwy, sok z cytryny i sól do smaku. Posyp jogurtem greckim i oliwkami. Jest to jednak opcjonalne. Podawać na zimno.

Cały kurczak

Przygotowanie + czas gotowania: 7 godzin 15 minut | Porcje: 6

Składniki:

1 (5 funtów) cały kurczak, stojak
5 szklanek bulionu z kurczaka
3 szklanki pokrojonej w kostkę mieszanej papryki
3 szklanki selera pokrojonego w kostkę
3 szklanki posiekanych porów
1 ¼ łyżeczki soli
1 ¼ łyżeczki czarnego pieprzu
2 liście laurowe

Wskazówki:

Przygotuj łaźnię wodną, włóż do niej sous vide i ustaw na 150 F. Dopraw kurczaka solą.

Umieść wszystkie wymienione składniki i kurczaka w dużej zamykanej próżniowo torbie. Wypuść powietrze metodą wyciskania wody i zamknij worek próżniowy. Umieścić w łaźni wodnej i ustawić timer na 7 godzin.

Przykryj wodę plastikowym workiem, aby ograniczyć parowanie i kąp się wodą co 2 godziny. Gdy licznik czasu się skończy, wyjmij i otwórz torebkę. Podgrzej brojler, ostrożnie wyjmij kurczaka i osusz. Włóż kurczaka do brojlerów i smaż, aż skóra stanie się złotobrązowa. Odstaw kurczaka na 8 minut, pokrój i podawaj.

Proste pikantne udka z kurczaka

Przygotowanie + czas gotowania: 2 godziny 55 minut | Porcje: 6

Składniki:

1 funt udek z kurczaka z kością
3 łyżki masła
1 łyżka pieprzu cayenne
Dodaj sól do smaku

Wskazówki:

Przygotuj łaźnię wodną, włóż do niej sous vide i ustaw na 165 F. Dopraw kurczaka pieprzem i solą. Umieść kurczaka w zamykanej próżniowo torbie z jedną łyżką masła. Wypuścić powietrze metodą wyciskania wody, zamknąć worek i zanurzyć go w łaźni wodnej. Ustaw timer na 2 godziny 30 minut.

Gdy odliczanie się skończy, wyjmij torebkę i otwórz ją. Rozgrzej grill i rozpuść pozostałe masło w kuchence mikrofalowej. Ruszt grillowy posmaruj odrobiną masła, a pozostałym masłem posmaruj kurczaka. Smażyć, aż kolor zmieni się na ciemnobrązowy. Podawać jako przekąskę.

Buffalo Chicken Wings

Przygotowanie + czas gotowania: 1 godzina i 20 minut | Porcje: 6

Składniki:

3 kilogramy skrzydełek z kurczaka
3 łyżeczki soli
2 łyżeczki mielonego czosnku
2 łyżki wędzonej papryki
1 łyżeczka cukru
½ szklanki gorącego sosu
5 łyżek masła
2 ½ szklanki mąki migdałowej
Oliwa z oliwek do smażenia

Wskazówki:

Przygotuj łaźnię wodną, ustaw ją na Sous Vide i ustaw na 144F.

Połącz skrzydełka, czosnek, sól, cukier i wędzoną paprykę. Obtocz kurczaka równomiernie. Umieścić w dużym zamykanym próżniowo worku, usunąć powietrze metodą wyciskania wody i zamknąć worek.

Zanurz się w wodzie. Ustaw timer pieczenia na 1 godzinę. Gdy licznik czasu się skończy, wyjmij i otwórz torebkę. Do dużej miski wsyp mąkę, dodaj kurczaka i wymieszaj.

Na patelni rozgrzej olej na średnim ogniu, smaż kurczaka na złoty kolor. Usuń i odłóż na bok. Na drugiej patelni rozpuść masło i dodaj ostry sos. Skrzydełka posmaruj masłem i ostrym sosem. Podawać jako przekąskę

Rozdrobnione Paszteciki Z Kurczaka

Przygotowanie + czas gotowania: 3 godziny 15 minut | Porcje: 5

Składniki:

½ funta piersi z kurczaka bez skóry i kości
½ szklanki zmielonych orzechów makadamia
⅓ szklanki majonezu z oliwy z oliwek
3 zielone cebule, posiekane
2 łyżki soku z cytryny
Sól i czarny pieprz do smaku
3 łyżki oliwy z oliwek

Wskazówki:

Przygotuj łaźnię wodną, umieść w niej urządzenie Sous Vide i ustaw temperaturę na 165 F. Umieść kurczaka w zamykanej próżniowo torbie, usuń powietrze metodą wyciskania wody i zamknij. Umieść torebkę w łaźni wodnej i ustaw timer na 3 godziny. Gdy licznik czasu się skończy, wyjmij i otwórz torebkę.

Rozdrobnij kurczaka i dodaj go do miski z resztą składników oprócz oliwy z oliwek. Mieszaj na gładką masę i formuj kotleciki. Rozgrzej oliwę z oliwek na patelni na średnim ogniu. Dodaj steki i smaż z obu stron na złoty kolor.

Udka z kurczaka z puree marchewkowym

Przygotowanie + czas gotowania: 60 minut | Porcje: 5

Składniki:

2 kilogramy udek z kurczaka
1 szklanka marchewki, pokrojonej w cienkie plasterki
2 łyżki oliwy z oliwek
¼ szklanki drobno posiekanej cebuli
2 szklanki bulionu z kurczaka
2 łyżki posiekanej świeżej natki pietruszki
2 zmiażdżone ząbki czosnku
Sól i czarny pieprz do smaku

Wskazówki:

Przygotuj łaźnię wodną, włóż do niej sous vide i ustaw na 167 F. Umyj udka z kurczaka pod zimną bieżącą wodą i osusz papierowymi ręcznikami. Odłożyć na bok.

W misce wymieszaj 1 łyżkę oliwy z oliwek, pietruszkę, sól i pieprz. Dobrze wymieszaj i obficie rozprowadź mieszaninę na udach. Umieść w dużej zamykanej próżniowo torbie i dodaj bulion z kurczaka. Naciśnij worek, aby usunąć powietrze. Zamknąć torebkę, umieścić w łaźni wodnej i ustawić timer na 45 minut. Gdy czas się skończy, wyjmij uda z torby i osusz. Zarezerwuj płyn do gotowania.

W międzyczasie przygotuj marchewki. Wlać do blendera i zmiksować na puree. Odłożyć na bok.

Rozgrzej pozostałą oliwę z oliwek na dużej patelni na średnim ogniu. Dodaj czosnek i cebulę i smaż mieszając przez około 1-2 minuty lub do miękkości. Dodaj udka z kurczaka i smaż przez 2-3 minuty, od czasu do czasu obracając. Posmakuj, czy jest gotowe, dopraw przyprawami, a następnie dodaj bulion. Doprowadzić do wrzenia i zdjąć z ognia. Udka przełóż na talerz, polej puree z marchwi i posyp natką pietruszki.

Kurczak Cytrynowy Z Miętą

Przygotowanie + czas gotowania: 2 godziny 40 minut | Porcje: 3

Składniki:

1 kilogram udek z kurczaka bez kości i skóry
¼ szklanki oleju
1 łyżka świeżo wyciśniętego soku z cytryny
2 zmiażdżone ząbki czosnku
1 łyżeczka imbiru
½ łyżeczki pieprzu cayenne
1 łyżeczka posiekanej świeżej mięty
½ łyżeczki soli

Wskazówki:

W małej misce wymieszaj oliwę z sokiem z cytryny, czosnkiem, mielonym imbirem, miętą, pieprzem cayenne i solą. Nałóż tę mieszaninę obficie na każde udo i przechowuj w lodówce przez co najmniej 30 minut.

Wyjmij uda z lodówki. Umieść w dużej torbie próżniowej i gotuj przez 2 godziny w temperaturze 149F. Wyjmij z worka próżniowego i natychmiast podawaj z dymką.

Kurczak z konfiturą wiśniową

Przygotowanie + czas gotowania: 4 godziny 25 minut | Porcje: 4

Składniki

2 kilogramy kurczaka z kośćmi i skórą
4 łyżki konfitury wiśniowej
2 łyżki mielonej gałki muszkatołowej
Sól i czarny pieprz do smaku

Instrukcja obsługi

Przygotuj łaźnię wodną i umieść w niej urządzenie Sous Vide. Podgrzej do 172 F. Dopraw kurczaka solą i pieprzem i wymieszaj z innymi składnikami. Umieścić w zamykanej próżniowo torbie. Wypuścić powietrze metodą wyciskania wody, zamknąć worek i zanurzyć go w łaźni wodnej. Gotuj przez 4 godziny.

Gdy czas się skończy, wyjmij torebkę i przenieś na blachę do pieczenia. Rozgrzej piekarnik do 200°C i piecz przez 10 minut, aż ciasto będzie chrupiące. Przełożyć na talerz i podawać.

Słodko-pikantne udka z kurczaka

Przygotowanie + czas gotowania: 2 godziny 20 minut | Porcje: 3

Składniki:

½ łyżki cukru

½ szklanki sosu sojowego

2 ½ łyżeczki imbiru, posiekanego

2 ½ łyżeczki mielonego czosnku

2½ łyżeczki puree z czerwonego chili

¼ funta małych udek kurczaka bez skóry

2 łyżki oliwy z oliwek

2 łyżki nasion sezamu do dekoracji

1 cebula, posiekana do dekoracji

Sól i czarny pieprz do smaku

Wskazówki:

Przygotuj łaźnię wodną, umieść ją w Sous Vide i ustaw na 165 F. Dopraw kurczaka solą i pieprzem. Kurczaka włóż do zamykanego próżniowo worka, usuń powietrze metodą wyciskania wody i zamknij.

Umieść torebkę w łaźni wodnej i ustaw timer na 2 godziny. Gdy licznik czasu się skończy, wyjmij i otwórz torebkę. W misce wymieszaj pozostałe wymienione składniki oprócz oliwy z oliwek. Odłożyć na bok. Na patelni rozgrzej olej na średnim ogniu, dodaj kurczaka.

Gdy lekko się zarumienią z obu stron, dodajemy sos i panierujemy kurczaka. Gotuj przez 10 minut. Udekoruj sezamem i cebulą. Podawać z ryżem kalafiorowym.

Nadziewane piersi z kurczaka

Przygotowanie + czas gotowania: 1 godzina 15 minut | Porcje: 5

Składniki:

2 kilogramy piersi z kurczaka bez skóry i kości
2 łyżki posiekanej świeżej natki pietruszki
2 łyżki posiekanej świeżej bazylii
1 duże jajko
½ szklanki posiekanej dymki
Sól i czarny pieprz do smaku
2 łyżki oliwy z oliwek

Wskazówki:

Przygotuj łaźnię wodną, włóż do niej sous vide i ustaw na 165 F. Dokładnie umyj piersi z kurczaka i osusz papierowymi ręcznikami. Posypać odrobiną soli i pieprzu i odstawić.

W misce wymieszaj jajko, pietruszkę, bazylię i dymkę. Mieszaj, aż dobrze się połączą. Połóż piersi z kurczaka na czystym talerzu i umieść mieszaninę jajek na środku. Ściśnij mocno klatkę piersiową. Umieść piersi w osobnych workach próżniowych i naciśnij, aby usunąć powietrze. Zamknąć pokrywkę i umieścić w przygotowanej łaźni wodnej. Gotuj en sous vide przez 1 godzinę. Gdy czas się skończy, wyjmij piersi z kurczaka. Rozgrzej olej na patelni na średnim ogniu. Dodać piersi z kurczaka i smażyć po 2 minuty z każdej strony.

Świeży kurczak

Przygotowanie + czas gotowania: 2 godziny 40 minut | Porcje: 8

Składniki:

1 pięć kilogramów kurczaka w całości
3 łyżki soku z cytryny
½ szklanki oliwy z oliwek
6 liści laurowych, suszonych
2 łyżki posiekanego rozmarynu
3 łyżki tymianku, suszonego
2 łyżki oleju kokosowego
¼ szklanki skórki cytrynowej
3 ząbki czosnku, posiekane
Sól i czarny pieprz do smaku

Wskazówki:

Przygotuj łaźnię wodną, umieść ją w trybie Sous Vide i ustaw na 149 F. Dobrze opłucz kurczaka pod zimną bieżącą wodą i osusz ręcznikiem papierowym. Odłożyć na bok.

W małej misce wymieszaj oliwę z solą, sokiem z cytryny, suszonymi liśćmi laurowymi, rozmarynem i tymiankiem. Napełnij jamę kurczaka cząstkami cytryny i tą mieszanką.

W drugiej misce wymieszaj olej kokosowy ze skórką cytryny i czosnkiem. Usuń skórę z kurczaka z mięsa. Wetrzyj tę mieszaninę pod skórę i umieść ją w dużej plastikowej torbie. Schłodzić przez 30 minut. Wyjmij z lodówki i umieść w dużej zamykanej próżniowo torbie. Umieść torebkę w łaźni wodnej i ustaw timer na 2 godziny.

Udka z kurczaka śródziemnomorskie

Przygotowanie + czas gotowania: 1 godzina 40 minut | Porcje: 3

Składniki:

1 kilogram udek z kurczaka
1 szklanka oliwy z oliwek
½ szklanki świeżo wyciśniętego soku z limonki
½ szklanki posiekanych liści pietruszki
3 zmiażdżone ząbki czosnku
1 łyżka pieprzu cayenne
1 łyżeczka suszonego oregano
1 łyżeczka soli morskiej

Wskazówki:

Mięso opłucz pod bieżącą zimną wodą i odsącz na dużym durszlaku. W misce wymieszaj oliwę z sokiem z limonki, posiekaną natką pietruszki, rozgniecionym czosnkiem, pieprzem cayenne, oregano i solą. Zanurz filety w tej mieszance i przykryj. Schłodzić przez 30 minut.

Wyjmij mięso z lodówki i odcedź. Umieścić w dużym, zamykanym próżniowo pojemniku i gotować w trybie Sous Vide w temperaturze 167°F przez godzinę.

Pierś z kurczaka z sosem harissa

Przygotowanie + czas gotowania: 65 minut | Porcje: 4

Składniki

1 kilogram piersi kurczaka w kostce

1 łodyga świeżej trawy cytrynowej, posiekana

2 łyżki sosu rybnego

2 łyżki cukru kokosowego

Dodaj sól do smaku

1 łyżka sosu harissa

Instrukcja obsługi

Przygotuj łaźnię wodną i umieść w niej urządzenie Sous Vide. Ustaw na 149 F. Połącz trawę cytrynową, sos rybny, cukier i sól w blenderze. Zamarynuj kurczaka w sosie i uformuj szaszłyki. Umieść go w zamykanej próżniowo torbie. Wypuścić powietrze metodą wyciskania wody, zamknąć worek i zanurzyć go w łaźni wodnej. Gotuj przez 45 minut.

Gdy czas się skończy, wyjmij torebkę i przenieś do łaźni z zimną wodą. Wyjmij kurczaka i polej go sosem harissa. Rozgrzej patelnię na średnim ogniu i usmaż kurczaka. Podawać.

Kurczak czosnkowy z grzybami

Przygotowanie + czas gotowania: 2 godziny 15 minut | Porcje: 6

Składniki:

2 kilogramy udek z kurczaka bez skóry
1 kilogram grzybów cremini, pokrojonych w plasterki
1 szklanka bulionu z kurczaka
1 ząbek czosnku, zmiażdżony
4 łyżki oliwy z oliwek
½ łyżeczki proszku cebulowego
½ łyżeczki liści szałwii, suszonych
¼ łyżeczki pieprzu cayenne
Sól i czarny pieprz do smaku

Wskazówki:

Dokładnie umyj uda pod bieżącą zimną wodą. Osusz papierowym ręcznikiem i odłóż na bok. Rozgrzej oliwę z oliwek na dużej patelni na średnim ogniu. Smaż udka z kurczaka z obu stron przez 2 minuty. Zdjąć z patelni i odstawić.

Teraz dodaj czosnek i smaż, aż uzyska jasnobrązowy kolor. Dodajemy grzyby, zalewamy bulionem i gotujemy, aż się zagotują. Zdjąć z patelni i odstawić. Dopraw uda solą, pieprzem, cayenne i sproszkowaną cebulą. Umieścić w dużej zamykanej próżniowo torbie razem z grzybami i szałwią. Zamknij torebkę i gotuj w trybie Sous Vide przez 2 godziny w temperaturze 149 stopni F.

Udka z kurczaka z zieleniną

Przygotowanie + czas gotowania: 4 godziny 10 minut | Porcje: 4

Składniki:

1 kilogram udek z kurczaka
1 szklanka oliwy z oliwek z pierwszego tłoczenia
¼ szklanki octu jabłkowego
3 zmiażdżone ząbki czosnku
½ szklanki świeżo wyciśniętego soku z cytryny
1 łyżka świeżej bazylii, posiekanej
2 łyżki posiekanego świeżego tymianku
1 łyżka świeżego rozmarynu, posiekanego
1 łyżeczka pieprzu cayenne
1 łyżeczka soli

Wskazówki:

Mięso opłucz pod zimną bieżącą wodą i umieść na dużym durszlaku, aby odciekło. Odłożyć na bok.

W dużej misce wymieszaj oliwę z octem jabłkowym, czosnkiem, sokiem z cytryny, bazylią, tymiankiem, rozmarynem, solą i pieprzem cayenne. Zanurz uda w tej mieszance i wstaw do lodówki na godzinę. Wyjmij mięso z marynaty i odcedź. Umieścić w dużej torbie próżniowej i gotować w trybie Sous Vide przez 3 godziny w temperaturze 149°F.

Budyń z kurczaka z sercami karczochów

Przygotowanie + czas gotowania: 1 godzina i 30 minut | Porcje: 3

Składniki:

1 kilogram piersi z kurczaka bez kości i skóry
2 średnie karczochy
2 łyżki masła
2 łyżki oliwy z oliwek z pierwszego tłoczenia
1 cytryna wyciśnięta w soku
Garść świeżych liści pietruszki, drobno posiekanych
Sól i czarny pieprz do smaku
½ łyżeczki papryczki chili

Wskazówki:

Mięso dokładnie opłucz i osusz papierowymi ręcznikami. Mięso pokroić ostrym nożem na mniejsze kawałki i usunąć kości. Skropić oliwą z oliwek i odstawić.

Rozgrzej patelnię na średnim ogniu. Zmniejsz ogień lekko do średniego i dodaj mięso. Smażymy po 3 minuty, aż uzyskamy złoty kolor z obu stron. Zdejmij z ognia i przenieś do dużej zamykanej próżniowo torby. Zamknij torebkę i gotuj w trybie Sous Vide przez godzinę w temperaturze 149°F.

W międzyczasie przygotuj karczoch. Przekrój cytrynę na pół i wyciśnij sok do małej miski. Podziel sok na pół i odłóż na bok. Odetnij najbardziej zewnętrzne liście ostrym nożem, aż dotrzesz do żółtych i miękkich liści. Odetnij zieloną zewnętrzną skórkę wokół nasady karczocha i gotuj na parze. Pamiętaj, aby usunąć „włoski" wokół serca karczocha. Są niejadalne, więc po prostu je wyrzuć.

Karczocha pokroić na półcalowe kawałki. Połowę natrzyj sokiem z cytryny i włóż do garnka z grubym dnem. Dodaj tyle wody, aby przykryła i gotuj, aż będzie całkowicie miękka. Zdjąć z ognia i odcedzić. Studzimy chwilę w temperaturze pokojowej. Każdy kawałek pokroić w cienkie paski.

W dużej misce połącz karczochy z kurczakiem. Wymieszaj sól, pieprz i pozostały sok z cytryny. Rozpuść masło na średnim ogniu i polej budyń. Posypać papryczką chilli i podawać.

Sałatka z dyni z masłem migdałowym i kurczakiem

Przygotowanie + czas gotowania: 1 godzina 15 minut | Porcje: 2

Składniki

6 filetów z kurczaka
4 szklanki dyni, pokrojonej w kostkę i pieczonej
4 szklanki pomidorów z rukolą
4 łyżki posiekanych migdałów
1 sok z cytryny
2 łyżki oliwy z oliwek
4 łyżki posiekanej czerwonej cebuli
1 łyżka papryki
1 łyżka kurkumy
1 łyżka kminku
Dodaj sól do smaku

Instrukcja obsługi

Przygotuj łaźnię wodną i umieść w niej urządzenie Sous Vide. Ustaw na 138F.

Umieść kurczaka i wszystkie przyprawy w zamykanym próżniowo worku. Dobrze wstrząsnąć. Wypuścić powietrze metodą wyciskania wody, zamknąć worek i zanurzyć go w łaźni wodnej. Gotuj przez 60 minut.

Gdy licznik czasu się skończy, wyjmij torebkę i przenieś na gorącą patelnię. Smaż przez 1 minutę z każdej strony. Połącz pozostałe składniki w misce. Podawać z kurczakiem na wierzchu.

Sałatka z kurczakiem i orzechami włoskimi

Przygotowanie + czas gotowania: 2 godziny 20 minut | Porcje: 4

Składniki

2 piersi z kurczaka bez skóry i kości

Sól i czarny pieprz do smaku

1 łyżka oleju kukurydzianego

1 jabłko, obrane i pokrojone w kostkę

1 łyżeczka soku z limonki

½ szklanki białych winogron, przekrojonych na pół

1 łodyga selera, pokrojona w kostkę

1/3 szklanki majonezu

2 łyżeczki wina Chardonnay

1 łyżeczka musztardy Dijon

1 główka sałaty rzymskiej

½ dl orzechów włoskich, uprażonych i posiekanych

Instrukcja obsługi

Przygotuj łaźnię wodną i umieść w niej urządzenie Sous Vide. Ustaw na 146F.

Włóż kurczaka do worka próżniowego i dopraw solą i pieprzem. Wypuścić powietrze metodą wyciskania wody, zamknąć worek i zanurzyć go w łaźni wodnej. Gotuj przez 2 godziny.

Gdy czas się skończy, wyjmij torebkę i wyrzuć soki powstałe podczas gotowania. W dużej misce wymieszaj plasterki jabłka z sokiem z limonki. Dodaj seler i białe winogrona. Dobrze wymieszaj.

W drugiej misce wymieszaj majonez, musztardę Dijon i wino Chardonnay. Powstałą mieszaniną wylewamy owoce i dobrze mieszamy. Rozdrobnij kurczaka i włóż do średniej miski, dopraw solą i dobrze wymieszaj. Umieść kurczaka w salaterce. Sałatę rzymską ułożyć w salaterkach i polać sałatką. Udekorować orzechami włoskimi.

Pieprzone kotlety cielęce z grzybami sosnowymi

Przygotowanie + czas gotowania: 3 godziny 15 minut | Porcje: 5

Składniki:

1 kilogram kotleta cielęcego
1 kilogram pieczarek pokrojonych w plasterki
½ szklanki świeżo wyciśniętego soku z cytryny
1 łyżka liści laurowych, posiekanych
5 papryk
3 łyżki oleju roślinnego
2 łyżki oliwy z oliwek z pierwszego tłoczenia
Sól i czarny pieprz do smaku

Wskazówki:

Przygotuj łaźnię wodną, umieść w niej Sous Vide i ustaw na 154F.

Kotlety doprawiamy solą i pieprzem. Umieścić w zamykanej próżniowo torbie w jednej warstwie z sokiem z cytryny, liśćmi laurowymi, ziarnami pieprzu i oliwą z oliwek. Zamknij torbę.

Zanurz torebkę w łaźni wodnej i gotuj przez 3 godziny. Wyjąć z łaźni wodnej i odstawić. Rozgrzej olej roślinny na dużej patelni.

Dodajemy grzyby i smażymy na średnim ogniu ze szczyptą soli, aż cały płyn odparuje. Dodaj kotlety cielęce z marynatą i smaż jeszcze przez kolejne 3 minuty. Natychmiast podawaj.

Kotlety cielęce

Przygotowanie + czas gotowania: 2 godziny 40 minut | Porcje: 4

Składniki:

2 (16 uncji) steki cielęce
Sól i czarny pieprz do smaku
2 łyżki oliwy z oliwek

Wskazówki:

Przygotuj łaźnię wodną, umieść ją w sous vide i ustaw na 140 F. Natrzyj cielęcinę pieprzem i solą i umieść w zamykanym próżniowo worku. Wypuścić powietrze metodą wyciskania wody i zamknąć torebkę. Zanurz się w łaźni wodnej. Ustaw timer na 2 godziny 30 minut. Kucharz.

Gdy licznik czasu się skończy, wyjmij i otwórz torebkę. Wyjąć cielęcinę, osuszyć papierowym ręcznikiem i natrzeć oliwą z oliwek. Podgrzewaj żeliwo na dużym ogniu przez 5 minut. Dodaj stek i smaż z obu stron, aż uzyska ciemnobrązowy kolor. Ułożyć na desce do serwowania. Podawać z sałatką.

Pikantna cielęcina z winem porto

Przygotowanie + czas gotowania: 2 godziny 5 minut | Porcje: 6

Składniki

3 łyżki masła

¾ szklanki bulionu warzywnego

½ kieliszka wina porto

¼ szklanki pokrojonych w plasterki grzybów shiitake

3 łyżki oliwy z oliwek

4 ząbki czosnku, posiekane

1 por, tylko biała część, posiekany

Sól i czarny pieprz do smaku

8 filetów cielęcych

1 gałązka świeżego rozmarynu

Instrukcja obsługi

Przygotuj łaźnię wodną i umieść w niej urządzenie Sous Vide. Podgrzej do 141 F. Dodaj bulion, grzyby, masło, oliwę z oliwek, czosnek, pory, sól i pieprz. Umieść cielęcinę w dużym, zamykanym próżniowo worku. Dodać rozmaryn i wymieszać. Wypuścić powietrze metodą wyciskania wody, zamknąć worek i zanurzyć go w łaźni wodnej. Gotuj przez 1 godzinę i 45 minut.

Po zakończeniu wyjmij cielęcinę i osusz. Wyrzuć rozmaryn i wlej sok z gotowania do garnka. Gotuj przez 5 minut. Dodać cielęcinę i smażyć 1 minutę. Polać sosem i podawać.

Cielęcina Portobello

Przygotowanie + czas gotowania: 2 godziny 10 minut | Porcje: 4

Składniki:

2 kilogramy filetu cielęcego
1 szklanka bulionu wołowego
4 grzyby Portobello pokrojone w plasterki
1 łyżeczka sproszkowanego czosnku
1 łyżka oregano, suszonego
3 łyżki octu balsamicznego
2 łyżki oliwy z oliwek
Sól i czarny pieprz do smaku

Wskazówki:

Przygotuj łaźnię wodną, umieść w niej urządzenie Sous Vide i ustaw temperaturę na 140F.

W misce wymieszaj bulion wołowy z grzybami, czosnkiem w proszku, oregano, octem balsamicznym, oliwą i solą. Dokładnie natrzyj każdy klopsik tą mieszanką i umieść go w jednej warstwie w dużym woreczku próżniowym. Dodaj pozostałe marynaty i przykryj. Zanurz w łaźni wodnej i gotuj przez 2 godziny.

Gdy licznik czasu się skończy, wyjmij paszteciki z torebki i osusz. Soki z zupy gotuj w garnku przez około 4 minuty. Dodaj do klopsików i gotuj przez 1 minutę. Przełożyć na talerze. Sosem polej cielęcinę i podawaj.

Sos cielęcy

Przygotowanie + czas gotowania: 1 godzina 40 minut | Porcje: 3

Składniki:

½ funta filetów cielęcych
Sól i czarny pieprz do smaku
1 szklanka grzybów, pokrojona w cienkie plasterki
⅓ szklanki gęstej śmietanki
2 cienko pokrojone szalotki
1 łyżka niesolonego masła
1 gałązka liści tymianku
1 łyżka posiekanego szczypiorku do dekoracji

Wskazówki:

Przygotuj łaźnię wodną i umieść w niej urządzenie Sous Vide. Dostosuj temperaturę do 129 F. Natrzyj klopsiki czosnkiem i solą, a następnie umieść cielęcinę i wszystkie inne wymienione składniki z wyjątkiem szczypiorku w zamkniętej próżniowo torebce.

Wypuść powietrze metodą wyciskania wody i uszczelnij. Zanurz się w łaźni wodnej. Ustaw timer na 1 godzinę 30 minut i gotuj.

Po zakończeniu wyjmij torebkę i połóż cielęcinę na talerzu. Wlać sos na patelnię, wyrzucić tymianek i gotować na wolnym ogniu przez 5 minut. Dodaj cielęcinę i gotuj przez 3 minuty. Udekoruj szczypiorkiem. Podawać.

Wątróbka cielęca Dijon

Przygotowanie + czas gotowania: 85 minut | Porcje: 5

Składniki:

2 kilogramy wątroby cielęcej pokrojonej w plasterki
2 łyżki musztardy Dijon
3 łyżki oliwy z oliwek
1 łyżka posiekanej kolendry
1 łyżeczka świeżego rozmarynu, posiekanego
1 ząbek czosnku, zmiażdżony
½ łyżeczki tymianku

Wskazówki:

Przygotuj łaźnię wodną, umieść ją w urządzeniu Sous Vide i ustaw na 129 F. Dokładnie przepłucz wątrobę pod zimną bieżącą wodą. Pamiętaj, aby spłukać wszelkie ślady krwi. Osuszyć papierowymi ręcznikami. Ostrym skalpelem usuń ewentualne żyły. Kroimy w poprzek na cienkie plasterki.

W małej misce wymieszaj oliwę z oliwek, czosnek, kolendrę, tymianek i rozmaryn. Mieszaj, aż dobrze się połączą. Rozsmaruj tę mieszaninę obficie na plasterkach wątroby i włóż do lodówki na 30 minut.

Wyjmij z lodówki i umieść w dużej zamykanej próżniowo torbie. Zanurz zamkniętą torebkę w łaźni wodnej i ustaw timer na 40 minut. Kiedy skończysz, otwórz torbę. Dużą patelnię wysmaruj olejem i włóż do niej plastry wątróbki mięsnej. Smażyć krótko z obu stron przez 2 minuty. Podawać z korniszonami.

Kotlety jagnięce w stylu afrykańskim z morelami

Przygotowanie + czas gotowania: 2 godziny 15 minut | Porcje: 2

Składniki

2 filety jagnięce
Sól i czarny pieprz do smaku
1 łyżeczka mieszanki przypraw
4 morele
1 łyżka miodu
1 łyżeczka oliwy z oliwek

Instrukcja obsługi

Przygotuj łaźnię wodną i umieść w niej urządzenie Sous Vide. Ustaw na 134F.

Doprawić jagnięcinę solą i pieprzem. Kotlety jagnięce posmaruj mieszanką przypraw i włóż do zamykanej próżniowo torebki. Dodaj miód i morele. Wypuścić powietrze metodą wyciskania wody, zamknąć worek i zanurzyć go w łaźni wodnej. Gotuj przez 2 godziny.

Gdy licznik czasu się skończy, wyjmij kotlety i osusz. Zachowaj morele i płyn do gotowania. Rozgrzej patelnię na średnim ogniu i smaż jagnięcinę po 30 sekund z każdej strony. Przełożyć na talerz i pozostawić do ostygnięcia na 5 minut. Odcedź płynem z gotowania. Udekorować morelami.

Mielone kotlety jagnięce z orzechami

Przygotowanie + czas gotowania: 2 godziny 35 minut | Porcje: 4

Składniki

1 kilogram kotletów jagnięcych
Sól i czarny pieprz do smaku
1 szklanka świeżych liści mięty
½ szklanki orzechów nerkowca
½ szklanki pakowanej świeżej pietruszki
½ szklanki czosnku, posiekanego
3 łyżki soku z cytryny
2 ząbki czosnku, posiekane
6 łyżek oliwy z oliwek

Instrukcja obsługi

Przygotuj łaźnię wodną i umieść w niej urządzenie Sous Vide. Ustaw na 125 F. Dopraw jagnięcinę solą i pieprzem i umieść w zamykanej próżniowo torbie. Wypuścić powietrze metodą wyciskania wody, zamknąć worek i zanurzyć go w łaźni wodnej. Gotuj przez 2 godziny.

W robocie kuchennym wymieszaj miętę, pietruszkę, orzechy nerkowca, czosnek, szalotkę i sok z cytryny. Skropić 4 łyżkami oliwy z oliwek. Doprawić solą i pieprzem. Gdy minutnik się skończy, wyjmij jagnięcinę, skrop 2 łyżkami oliwy z oliwek i przenieś na rozgrzany grill. Gotuj przez 1 minutę z każdej strony. Podawać z orzechami.

Stojak z jagnięciny marynowanej w musztardzie i miodzie

Przygotowanie + czas gotowania: 1 godzina 10 minut | Porcje: 4

Składniki

1 ruszt jagnięcy, przycięty
3 łyżki miodu
2 łyżki musztardy Dijon
1 łyżeczka octu sherry
Dodaj sól do smaku
2 łyżki oleju z awokado
Posiekana czerwona cebula

Instrukcja obsługi

Przygotuj łaźnię wodną i umieść w niej urządzenie Sous Vide. Ustaw na 135 F. Dobrze wymieszaj wszystkie składniki z wyjątkiem jagnięciny. Pokryj jagnięcinę mieszanką i umieść ją w zamykanej próżniowo torbie. Wypuścić powietrze metodą wyciskania wody, zamknąć worek i zanurzyć go w łaźni wodnej. Gotuj przez 1 godzinę.

Gdy czas się skończy, wyjmij jagnięcinę i przenieś ją na talerz. Zarezerwuj soki do zupy. Na patelni rozgrzej oliwę na średnim ogniu i smaż jagnięcinę po 2 minuty z każdej strony. Posiekaj i skrop sosami z gotowania. Udekoruj czerwoną cebulą.

Pulpety jagnięce z sosem jogurtowym

Przygotowanie + czas gotowania: 2 godziny 15 minut | Porcje: 2

Składniki

½ kilograma mielonej baraniny

¼ szklanki posiekanej świeżej pietruszki

¼ szklanki cebuli, posiekanej

¼ szklanki prażonych migdałów, posiekanych

2 ząbki czosnku, posiekane

Dodaj sól do smaku

2 łyżeczki mielonej kolendry

¼ łyżeczki mielonego cynamonu

1 szklanka jogurtu

½ szklanki pokrojonego w kostkę ogórka

3 łyżki posiekanej świeżej mięty

1 łyżeczka soku z cytryny

¼ łyżeczki pieprzu cayenne

Pitta

Instrukcja obsługi

Przygotuj łaźnię wodną i włóż do niej sous vide. Ustaw na 134 F. Połącz jagnięcinę, cebulę, migdały, sól, czosnek, cynamon i kolendrę. Uformuj 20 kulek i umieść je w torebce próżniowej. Wypuścić powietrze metodą wyciskania wody, zamknąć worek i zanurzyć go w łaźni wodnej. Gotuj przez 120 minut.

W międzyczasie przygotuj sos mieszając jogurt, miętę, ogórek, cayenne, sok z cytryny i 1 łyżkę soli. Gdy timer się skończy, wyjmij kulki i piecz przez 3-5 minut. Polej sosem i podawaj z chlebem pita.

Pikantny ryż z łopatką jagnięcą

Przygotowanie + czas gotowania: 24 godziny 10 minut | Porcje: 2

Składniki

1 pieczeń jagnięca, bez kości
1 łyżka oliwy z oliwek
1 łyżka curry w proszku
2 łyżeczki soli czosnkowej
1 łyżeczka kolendry
1 łyżeczka mielonego kminku
1 łyżeczka suszonych płatków czerwonego chili
1 szklanka brązowego ryżu, ugotowanego

Instrukcja obsługi

Przygotuj łaźnię wodną i umieść w niej urządzenie Sous Vide. Ustaw na 158F.

Wymieszaj oliwę z oliwek, czosnek, sól, kminek, kolendrę i płatki chili. Marynuj jagnięcinę. Umieścić w zamykanej próżniowo torbie. Wypuścić powietrze metodą wyciskania wody, zamknąć worek i zanurzyć go w łaźni wodnej. Gotuj przez 24 godziny.

Gdy będzie już gotowy, wyjmij jagnięcinę i pokrój ją w plasterki. Podawać z sosami z zupy na ryżu.

Steki jagnięce z chilli w panierce z nasion sezamu

Przygotowanie + czas gotowania: 3 godziny 10 minut | Porcje: 2

Składniki

2 steki jagnięce
2 łyżki oliwy z oliwek
Sól i czarny pieprz do smaku
2 łyżki oleju z awokado
1 łyżeczka nasion sezamu
Szczypta czerwonej papryki

Instrukcja obsługi

Przygotuj łaźnię wodną i umieść w niej urządzenie Sous Vide. Ustaw na 138 F. Umieść jagnięcinę w zamykanej próżniowo torbie z oliwą z oliwek. Wypuścić powietrze metodą wyciskania wody, zamknąć worek i zanurzyć go w łaźni wodnej. Gotuj przez 3 godziny.

Po zakończeniu osusz jagnięcinę. Doprawić solą i pieprzem. Rozgrzej olej z awokado na patelni na dużym ogniu i usmaż jagnięcinę. Pokroić w paski. Udekoruj nasionami sezamu i płatkami pieprzu.

Słodka jagnięcina z sosem musztardowym

Przygotowanie + czas gotowania: 1 godzina 10 minut | Porcje: 4

Jaskładniki

1 jagnięcina, obrana

3 łyżki płynnego miodu

2 łyżki musztardy Dijon

1 łyżeczka octu sherry

Dodaj sól do smaku

2 łyżki oleju z awokado

1 łyżka tymianku

Prażone nasiona gorczycy do dekoracji

Posiekana zielona cebula

Instrukcja obsługi

Przygotuj łaźnię wodną i umieść w niej urządzenie Sous Vide. Ustaw na 135 F. Połącz wszystkie składniki oprócz jagnięciny. Umieść jagnięcinę w zamykanej próżniowo torbie. Wypuścić powietrze metodą wyciskania wody, zamknąć worek i zanurzyć go w łaźni wodnej. Gotuj przez 1 godzinę. Gdy czas się skończy, wyjmij jagnięcinę i przenieś ją na talerz.

Na patelni rozgrzać olej i smażyć jagnięcinę po 2 minuty z każdej strony. Posiekać i zalać powstałym sokiem. Udekoruj zieloną cebulą i prażonymi nasionami gorczycy.

Jagnięcina cytrynowo-miętowa

Przygotowanie + czas gotowania: 2 godziny 15 minut | Porcje: 2

Składniki

1 ruszt jagnięcy
Sól i czarny pieprz do smaku
2 gałązki świeżego rozmarynu
¼ szklanki oliwy z oliwek
2 szklanki świeżej fasoli lima, łuskanej, blanszowanej i obranej
1 łyżka soku z cytryny
1 łyżka świeżego szczypiorku, posiekanego
1 łyżka świeżej pietruszki, posiekanej
1 łyżka świeżej mięty
1 ząbek czosnku, posiekany

Instrukcja obsługi

Przygotuj łaźnię wodną i umieść w niej urządzenie Sous Vide. Ustaw na 125 F. Dopraw jagnięcinę solą i pieprzem i umieść w zamykanej próżniowo torbie. Wypuścić powietrze metodą wyciskania wody, zamknąć worek i zanurzyć go w łaźni wodnej. Gotuj przez 2 godziny.

Gdy czas się skończy, wyjmij jagnięcinę i osusz. Rozgrzej 1 łyżkę oliwy z oliwek na grillu na dużym ogniu i smaż jagnięcinę przez 3 minuty. Odłożyć na bok i pozostawić do ostygnięcia.

Do sałatki wymieszaj fasolę lima, sok z cytryny, pietruszkę, szczypiorek, miętę, czosnek i 3 łyżki oliwy z oliwek. Doprawić solą i pieprzem. Pokrój jagnięcinę na kawałki i podawaj z sałatką z fasoli lima.

Cytrynowe kotlety jagnięce z sosem chimichurri

Przygotowanie + czas gotowania: 2 godziny 15 minut | Porcje: 4

Składniki

4 kotlety jagnięce
2 łyżki oleju z awokado
Sól i czarny pieprz do smaku
1 szklanka ciasno zapakowanej świeżej pietruszki, posiekanej
2 łyżki świeżego oregano
1 ząbek czosnku, drobno posiekany
1 łyżka octu szampańskiego
1 łyżka soku z cytryny
1 łyżka wędzonej papryki
¼ łyżeczki zmielonych płatków czerwonej papryki
1/3 szklanki niesolonego masła, zmiękczonego

Instrukcja obsługi

Przygotuj łaźnię wodną i włóż do niej sous vide. Ustawić na 132 F. Doprawić jagnięcinę solą i pieprzem i umieścić w zamykanej próżniowo torbie. Wypuścić powietrze metodą wyciskania wody, zamknąć worek i zanurzyć go w łaźni wodnej. Gotuj przez 2 godziny.

W misce wymieszaj natkę pietruszki, czosnek, oregano, ocet szampański, paprykę, sok z cytryny, płatki papryki, czarny pieprz, sól i miękkie masło. Pozostawić do ostygnięcia w lodówce.

Gdy czas się skończy, wyjmij jagnięcinę i osusz. Doprawić solą i pieprzem. Rozgrzej olej z awokado na patelni na dużym ogniu i smaż jagnięcinę przez kilka minut ze wszystkich stron. Skropić sosem maślanym i podawać.

Gicz jagnięca z warzywami i słodkim sosem

Przygotowanie + czas gotowania: 48 godzin 45 minut | Porcje: 4

Składniki

4 gicz jagnięca

2 łyżki oleju

2 szklanki mąki uniwersalnej

1 czerwona cebula, pokrojona w plasterki

4 ząbki czosnku, zmiażdżone i obrane

4 średnie marchewki pokrojone w kostkę

4 średnie łodygi selera pokrojone w kostkę

3 łyżki przecieru pomidorowego

½ szklanki octu sherry

1 kieliszek czerwonego wina

¾ szklanki miodu

1 szklanka bulionu wołowego

4 gałązki świeżego rozmarynu

2 liście laurowe

Sól i czarny pieprz do smaku

Instrukcja obsługi

Przygotuj łaźnię wodną i umieść w niej urządzenie Sous Vide. Ustaw na 155F.

Rozgrzej olej na patelni na dużym ogniu. Steki doprawiamy solą, pieprzem i mąką. Smażyć na złoty kolor. Odłożyć na bok. Zmniejsz ogień i smaż cebulę, marchewkę, czosnek i seler przez 10 minut. Doprawić solą i pieprzem. Dodaj przecier pomidorowy i gotuj przez kolejną 1 minutę. Dodać ocet, bulion, wino, miód, liście laurowe. Gotuj przez 2 minuty.

Umieść warzywa, sos i jagnięcinę w zamykanej próżniowo torbie. Wypuścić powietrze metodą wyciskania wody, zamknąć worek i zanurzyć go w łaźni wodnej. Gotuj przez 48 godzin.

Gdy czas się skończy, usuń łodygi i osusz. Zarezerwuj soki do zupy. Smaż łodygi przez 5 minut, aż uzyskają złoty kolor. Podgrzej garnek i wlej do niego sok z gotowania. Gotuj, aż się zredukuje, 10 minut. Ułóż łodygi na talerzu i polej sosem i podawaj.

Gulasz z pancetty i jagnięciny

Przygotowanie + czas gotowania: 24 godziny 25 minut | Porcje: 6

Składniki

2 kilogramy łopatki jagnięcej bez kości, pokrojonej w kostkę
4 uncje pancetty, pokrojonej w paski
1 kieliszek czerwonego wina
2 łyżki przecieru pomidorowego
1 szklanka bulionu wołowego
4 duże szalotki, pokrojone na ćwiartki
4 marchewki, posiekane
4 łodygi selera, posiekane
3 zmiażdżone ząbki czosnku
1 kilogram ziemniaków przekrojonych wzdłuż
4 uncje suszonych grzybów Portobello
3 gałązki świeżego rozmarynu
3 gałązki świeżego tymianku
Sól i czarny pieprz do smaku

Instrukcja obsługi

Przygotuj łaźnię wodną i umieść w niej urządzenie Sous Vide. Ustaw na 146F.

Rozgrzej patelnię na dużym ogniu i smaż pancettę, aż będzie brązowa. Odłożyć na bok. Dopraw jagnięcinę solą i pieprzem i usmaż na tej samej patelni; odłożyć. Wlać wino i bulion, gotować 5 minut.

Umieść mieszaninę wina, jagnięcinę, pancettę, soki, warzywa i zioła w zamykanej próżniowo torbie. Wypuścić powietrze metodą wyciskania wody, zamknąć worek i zanurzyć go w łaźni wodnej. Gotuj przez 24 godziny.

Gdy licznik czasu się skończy, wyjmij torebkę i wlej powstałe soki do gorącego garnka ustawionego na średnim ogniu i gotuj przez 15 minut. Mieszaj jagnięcinę, smaż przez kilka minut i podawaj.

Pieprzowo-cytrynowe kotleciki jagnięce z chutneyem z papai

Przygotowanie + czas gotowania: 1 godzina 15 minut | Porcje: 4

Składniki

8 kotletów jagnięcych
2 łyżki oliwy z oliwek
½ łyżeczki garam masali
¼ łyżeczki pieprzu cytrynowego
Dotyk pieprzu czosnkowego
Sól i czarny pieprz do smaku
½ szklanki jogurtu
¼ szklanki posiekanej świeżej kolendry
2 łyżki chutneyu z papai
1 łyżka curry w proszku
1 łyżka cebuli, posiekanej
Posiekana kolendra do dekoracji

Instrukcja obsługi

Przygotuj łaźnię wodną i umieść w niej urządzenie Sous Vide. Ustaw na 138 F. Posmaruj kotlety oliwą z oliwek i posyp Garam Masala, pieprzem cytrynowym, czosnkiem w proszku, solą i pieprzem.

Umieścić w zamykanej próżniowo torbie. Wypuścić powietrze metodą wyciskania wody, zamknąć worek i zanurzyć go w łaźni wodnej. Gotuj przez 1 godzinę.

W międzyczasie przygotuj sos mieszając jogurt, chutney z papai, kolendrę, curry i cebulę. Przełożyć na talerz. Gdy czas się skończy, wyjmij jagnięcinę i osusz. Rozgrzej pozostały olej na patelni na średnim ogniu i smaż jagnięcinę przez 30 sekund z każdej strony. Odsączyć na blasze do pieczenia. Kotlety podawaj z sosem jogurtowym. Udekoruj kolendrą.

Pikantne kebaby jagnięce

Przygotowanie + czas gotowania: 2 godziny 20 minut | Porcje: 4

Składniki

1 kilogram udźca jagnięcego, bez kości, pokrojonego w kostkę
2 łyżki pasty chili
1 łyżka oliwy z oliwek
Dodaj sól do smaku
1 łyżeczka kminku
1 łyżeczka kolendry
½ łyżeczki czarnego pieprzu
jogurt grecki
Świeże liście mięty do podania

Instrukcja obsługi

Przygotuj łaźnię wodną i umieść w niej urządzenie Sous Vide. Ustaw na 134 F. Połącz wszystkie składniki i umieść w zamykanej próżniowo torbie. Wypuścić powietrze metodą wyciskania wody, zamknąć worek i zanurzyć go w łaźni wodnej. Gotuj przez 2 godziny.

Gdy czas się skończy, wyjmij jagnięcinę i osusz ją. Przełóż jagnięcinę na grill i piecz przez 5 minut. Odłóż na bok i odstaw na 5 minut. Podawane z jogurtem greckim i miętą.

Herby Jagnięcina z Warzywami

Przygotowanie + czas gotowania: 48 godzin 30 minut | Porcje: 8)

Składniki

2 gicz jagnięca z kością
1 puszka pokrojonych w kostkę pomidorów z sokiem
1 szklanka bulionu cielęcego
1 szklanka cebuli, drobno posiekanej
½ szklanki selera, drobno posiekanego
½ szklanki marchewki, drobno posiekanej
½ szklanki czerwonego wina
2 gałązki świeżego rozmarynu
Sól i czarny pieprz do smaku
1 łyżeczka mielonej kolendry
1 łyżeczka mielonego kminku
1 łyżeczka tymianku

Instrukcja obsługi

Przygotuj łaźnię wodną i umieść w niej urządzenie Sous Vide. Ustaw na 149F.

Wymieszaj wszystkie składniki i umieść w zamykanej próżniowo torbie. Wypuścić powietrze metodą wyciskania wody, zamknąć worek i zanurzyć go w łaźni wodnej. Gotuj przez 48 godzin.

Gdy timer się skończy, usuń łodygi, przenieś na talerz i schładzaj przez 48 godzin. Jagnięcinę oczyścić, usunąć kości i tłuszcz, następnie pokroić w paski. Do garnka wlać soki z beztłuszczowej zupy i jagnięcinę. Gotuj 10 minut na dużym ogniu, aż sos zgęstnieje. Podawać.

Czosnkowy stojak z jagnięciną

Przygotowanie + czas gotowania: 1 godzina 30 minut | Porcje: 4

Składniki

2 łyżki masła
2 ruszty jagnięciny, francuskie
1 łyżka oliwy z oliwek
1 łyżka oleju sezamowego
4 ząbki czosnku, posiekane
4 gałązki świeżej bazylii, przekrojone na pół
Sól i czarny pieprz do smaku

Instrukcja obsługi

Przygotuj łaźnię wodną i umieść w niej urządzenie Sous Vide. Ustaw na 130 F. Dopraw jagnięcinę solą i pieprzem. Umieścić w dużej zamykanej próżniowo torbie. Wypuścić powietrze metodą wyciskania wody, zamknąć worek i zanurzyć go w łaźni wodnej. Gotuj przez 1 godzinę i 15 minut.

Gdy minutnik się skończy, wyjmij ruszt i osusz ręcznikiem kuchennym. Na patelni rozgrzej olej sezamowy na dużym ogniu i smaż na patelni po 1 minucie z każdej strony. Odłożyć na bok.

Na patelnię włóż 1 łyżkę masła, dodaj połowę czosnku i połowę bazylii. Top na stojaku. Piec patelnię przez 1 minutę. Odwróć się i wlej więcej masła. Powtórzyć proces dla wszystkich stojaków. Pokrój na kawałki i podawaj po 4 sztuki na każdym talerzu.

Ruszt jagnięcy inkrustowany ziołami

Przygotowanie + czas gotowania: 3 godziny 30 minut | Porcje: 6

Składniki:

Strona jagnięciny:
3 duże stojaki na owce
Sól i czarny pieprz do smaku
1 gałązka rozmarynu
2 łyżki oliwy z oliwek

Kora zielna:
2 łyżki świeżych liści rozmarynu
½ szklanki orzechów makadamia
2 łyżki musztardy Dijon
½ szklanki świeżej pietruszki
2 łyżki świeżych liści tymianku
2 łyżki skórki cytrynowej
2 ząbki czosnku
2 białka jaj

Wskazówki:

Przygotuj łaźnię wodną, umieść w niej urządzenie Sous Vide i ustaw temperaturę na 140°F.

Osusz jagnięcinę papierowym ręcznikiem, a mięso natrzyj solą i czarnym pieprzem. Postaw patelnię na średnim ogniu i dodaj oliwę z oliwek. Gdy jagnięcina się podgrzeje, smaż ją z obu stron przez 2 minuty; odłożyć.

Dodać czosnek i rozmaryn, smażyć 2 minuty i dodać jagnięcinę. Pozwól jagnięcinie wchłonąć smaki na 5 minut.

Umieść jagnięcinę, czosnek i rozmaryn w zamykanym próżniowo worku, usuń powietrze metodą wyciskania wody i zamknij torebkę. Zanurz torbę w łaźni wodnej.

Ustaw timer na gotowanie przez 3 godziny. Po zakończeniu odliczania wyjmij torebkę, otwórz ją i wyjmij jagnięcinę. Białka ubić na pianę i odstawić.

Pozostałe składniki z listy ziół zmiksuj blenderem i odłóż na bok. Osusz jagnięcinę papierowymi ręcznikami i posmaruj białkiem jaja. Zanurz zioła w mieszance i dobrze je pokryj.

Połóż ruszt jagnięcy na blasze do pieczenia, skórą do góry. Piec w piekarniku przez 15 minut. Ostrożnie pokrój każdy kotlet ostrym nożem. Podawane z gotowanymi warzywami.

Popularne południowoafrykańskie kebaby z jagnięciną i wiśniami

Przygotowanie + czas gotowania: 8 godzin 40 minut | Porcje: 6

Składniki

¾ szklanki białego octu
½ szklanki wytrawnego czerwonego wina
2 cebule, posiekane
4 ząbki czosnku, posiekane
Skórka z 2 cytryn
6 łyżek brązowego cukru
2 łyżki nasion kminku, zmielonych
1 łyżka dżemu wiśniowego
1 łyżka mąki kukurydzianej
1 łyżka curry w proszku
1 łyżka startego imbiru
2 łyżeczki soli
1 łyżeczka ziela angielskiego
1 łyżeczka mielonego cynamonu
4½ kilograma łopatki jagnięcej pokrojonej w kostkę
1 łyżka masła
6 cebul perłowych, obranych i przekrojonych na pół
12 suszonych wiśni przekrojonych na pół

2 łyżki oliwy z oliwek

Instrukcja obsługi

Przygotuj łaźnię wodną i umieść w niej urządzenie Sous Vide. Ustaw na 141F.

Dobrze wymieszaj ocet, czerwone wino, cebulę, czosnek, skórkę z cytryny, brązowy cukier, kminek, konfiturę wiśniową, mąkę kukurydzianą, curry w proszku, imbir, sól, ziele angielskie i cynamon.

Umieść jagnięcinę w dużym, zamykanym próżniowo worku. Wypuścić powietrze metodą wyciskania wody, zamknąć worek i zanurzyć go w łaźni wodnej. Gotuj przez 8 godzin. Rozgrzej masło w rondlu przez 20 minut i smaż cebulę przez 8 minut, aż będzie miękka. Odłożyć na bok i pozostawić do ostygnięcia.

Gdy licznik czasu się skończy, wyjmij jagnięcinę i osusz ją papierowym ręcznikiem. Zachowaj sos z gotowania i przenieś go do rondla na średnim ogniu i gotuj przez 10 minut, aż zredukuje się o połowę. Napełnij szaszłyki wszystkimi składnikami kebaba i zwiń je. Rozgrzej oliwę z oliwek na grillu na dużym ogniu i smaż kebaby przez 45 sekund z każdej strony.

Curry z papryką i jagnięciną

Przygotowanie + czas gotowania: 30 godzin 30 minut | Porcje: 4

Składniki

2 łyżki masła
2 papryki, posiekane
3 ząbki czosnku, posiekane
1 łyżeczka kurkumy
1 łyżeczka mielonego kminku
1 łyżeczka papryki
1 łyżeczka startego świeżego imbiru
½ łyżeczki soli
2 kawałki kardamonu
2 gałązki świeżego tymianku
2¼ kilograma baraniny bez kości, pokrojonej w kostkę
1 duża cebula, posiekana
3 pomidory, posiekane
1 łyżeczka ziela angielskiego
2 łyżki jogurtu greckiego
1 łyżka posiekanej świeżej kolendry

Instrukcja obsługi

Przygotuj łaźnię wodną i umieść w niej urządzenie Sous Vide. Ustaw na 179 F. Połącz 1 łyżkę masła, paprykę, 2 ząbki czosnku, kurkumę, kminek, paprykę, imbir, sól, kardamon i tymianek. Umieść jagnięcinę z mieszanką masła w zamykanej próżniowo torbie. Wypuścić powietrze metodą wyciskania wody, zamknąć worek i zanurzyć go w łaźni wodnej. Gotuj przez 30 godzin.

Gdy licznik czasu się skończy, wyjmij torebkę i odłóż ją na bok. W rondlu na dużym ogniu rozgrzej masło. Dodać cebulę i smażyć przez 4 minuty. Dodaj resztę czosnku i smaż przez kolejną 1 minutę. Zmniejsz ogień i dodaj pomidory i ziele angielskie. Gotuj przez 2 minuty. Wlać jogurt, sok z jagnięciny i zupę. Gotuj przez 10-15 minut. Udekoruj kolendrą.

Ser kozi Żeberka jagnięce

Przygotowanie + czas gotowania: 4 godziny 10 minut | Porcje: 2

Składniki:

Żeberka:
2 połówki żeberek jagnięcych
2 łyżki oleju roślinnego
1 ząbek czosnku, posiekany
2 łyżki posiekanych liści rozmarynu
1 łyżka pyłku kopru włoskiego
Sól i czarny pieprz do smaku
½ łyżeczki pieprzu cayenne

Do dekoracji:
8 uncji koziego sera, pokruszonego
2 uncje prażonych orzechów włoskich, posiekanych
3 łyżki posiekanej natki pietruszki

Wskazówki:

Przygotuj łaźnię wodną, umieść ją w urządzeniu Sous Vide i ustaw na 134 F. Wymieszaj wymienione składniki jagnięciny, z wyjątkiem jagnięciny. Jagnięcinę osusz ręcznikiem papierowym i natrzyj mieszanką przypraw. Mięso umieszcza się w worku zamykanym próżniowo, usuwa się powietrze metodą wyciskania wody, zamyka i worek zanurza w łaźni wodnej. Ustaw timer na 4 godziny.

Kiedy odliczanie się skończy, usuń owcę. Rozgrzej grill na dużym ogniu i dodaj olej. Smaż jagnięcinę na złoty kolor. Żeberka przecinamy pomiędzy kośćmi. Udekoruj kozim serem, orzechami włoskimi i natką pietruszki. Podawać z gorącym sosem.

Łopatka jagnięca

Przygotowanie + czas gotowania: 4 godziny 10 minut | Porcje: 3

Składniki:

1 kilogram łopatki jagnięcej bez kości
Sól i czarny pieprz do smaku
2 łyżki oliwy z oliwek
1 ząbek czosnku, zmiażdżony
1 gałązka tymianku
1 gałązka sosu

Wskazówki:

Przygotuj łaźnię wodną i umieść w niej urządzenie Sous Vide. Ustaw na 145 F. Osusz łopatki jagnięce ręcznikami papierowymi i natrzyj pieprzem i solą.

Umieść jagnięcinę i pozostałe składniki wymienione w torebce zamykanej próżniowo. Wypuścić powietrze metodą wyciskania wody, zamknąć worek i zanurzyć go w łaźni wodnej. Ustaw timer na 4 godziny.

Po zakończeniu wyjmij torebkę i przenieś łopatkę jagnięcą na blachę do pieczenia. Soki przelej do rondla i gotuj na średnim ogniu przez 2 minuty. Rozgrzej grill przez 10 minut i grilluj łopatkę, aż uzyska złoty kolor i chrupkość. Podawaj łopatkę jagnięcą i sos z warzywami posmarowanymi masłem.

Jalapeño Pieczona Jagnięcina

Przygotowanie + czas gotowania: 3 godziny | Porcje: 6

Składniki:

1 ½ łyżki oleju rzepakowego
1 łyżka nasion czarnej gorczycy
1 łyżeczka nasion kminku
Sól i czarny pieprz do smaku
4-funtowe udko jagnięce z motylkiem
½ szklanki posiekanych liści mięty
½ szklanki posiekanych liści kolendry
1 szalotka, posiekana
1 ząbek czosnku, posiekany
2 czerwone papryczki jalapeno, posiekane
1 łyżka octu z czerwonego wina
1 ½ łyżki oliwy z oliwek

Wskazówki:

Umieść patelnię na kuchence na małym ogniu. Dodaj ½ łyżki oliwy z oliwek; po podgrzaniu dodać kminek i gorczycę i smażyć 1 minutę. Wyłącz ogień i przenieś nasiona do miski. Posyp solą i czarnym pieprzem na wierzchu. Zamieszać. Połowę mieszanki przypraw rozsmaruj wewnątrz udka jagnięcego i zwiń. Zabezpiecz sznurkiem rzeźniczym co 1 cal.

Doprawiamy solą i pieprzem i nacieramy. Połowę mieszanki przypraw równomiernie rozsmaruj na udkach jagnięcych, a następnie ostrożnie zwiń je z powrotem w rulon. Przygotuj łaźnię wodną i umieść w niej urządzenie Sous Vide. Ustawić na 145 F. Udziec jagnięcy umieścić w zamykanej próżniowo torbie, usunąć powietrze metodą wyciskania wody, zamknąć i zanurzyć w łaźni wodnej. Ustaw timer na 2 godziny 45 minut i gotuj.

Przygotuj sos; Do mieszanki kminku i musztardy dodaje się szalotkę, kolendrę, czosnek, ocet winny z czerwonego wina, miętę i czerwone chili. Wymieszaj i dodaj sól i pieprz. Odłożyć na bok. Gdy licznik czasu się skończy, wyjmij i otwórz torebkę. Wyjąć jagnięcinę i osuszyć papierowym ręcznikiem.

Do żeliwa dodać olej rzepakowy, podgrzewać na dużym ogniu przez 10 minut. Dodaj jagnięcinę i smaż z obu stron, aż będzie brązowa. Usuń sznurek i pokrój baranka. Podawać z sosem.

Grillowane kotlety jagnięce z tymiankiem i szałwią

Przygotowanie + czas gotowania: 3 godziny 20 minut | Porcje: 6

Składniki

6 łyżek masła

4 łyżki wytrawnego białego wina

4 łyżki bulionu z kurczaka

4 gałązki świeżego tymianku

2 ząbki czosnku, posiekane

1 ½ łyżeczki posiekanej świeżej szałwii

1 ½ łyżeczki kminku

6 kotletów jagnięcych

Sól i czarny pieprz do smaku

2 łyżki oliwy z oliwek

Instrukcja obsługi

Przygotuj łaźnię wodną i umieść w niej urządzenie Sous Vide. Ustaw na 134F.

Rozgrzej rondelek na średnim ogniu i dodaj masło, białe wino, bulion, tymianek, czosnek, kminek i szałwię. Gotuj przez 5 minut. Zostaw do schłodzenia. Doprawić jagnięcinę solą i pieprzem.

Umieścić w trzech zamykanych próżniowo torebkach z mieszaniną masła. Odpowietrzyć metodą wyciskania wody, zamknąć i namoczyć worki w kąpieli wodnej. Gotuj przez 3 godziny.

Po zakończeniu wyjmij jagnięcinę i osusz ją papierowym ręcznikiem. Kotlety posmaruj oliwą z oliwek. Rozgrzej patelnię na dużym ogniu i smaż jagnięcinę po 45 sekund z każdej strony. Odstaw na 5 minut.

Kotleciki jagnięce z bazyliowym chimichurri

Przygotowanie + czas gotowania: 3 godziny 40 minut | Porcje: 4

Składniki:

<u>Kotlet jagnięcy:</u>

3 ruszty jagnięciny, francuskie
3 zmiażdżone ząbki czosnku
Sól i czarny pieprz do smaku

<u>Bazylia Chimichurri:</u>

1 ½ szklanki posiekanej świeżej bazylii
2 szalotki bananowe, pokrojone w kostkę
3 ząbki czosnku, posiekane
1 łyżeczka płatków czerwonej papryki
½ szklanki oliwy z oliwek
3 łyżki czerwonego octu winnego
Sól i czarny pieprz do smaku

Wskazówki:

Przygotuj łaźnię wodną i umieść w niej urządzenie Sous Vide. Ustaw na 140 F. Osusz stojaki papierowymi ręcznikami i natrzyj pieprzem i solą. Mięso i czosnek włóż do zamykanego próżniowo worka, usuń powietrze metodą wyciskania wody i zamknij torebkę. Zanurz torbę w łaźni wodnej. Ustaw timer na 2 godziny i gotuj.

Przygotuj bazyliowe chimichurri: Wymieszaj wszystkie wymienione składniki w misce. Przykryj folią spożywczą i wstaw do lodówki na 1 godzinę 30 minut. Gdy odliczanie się skończy, wyjmij torebkę i otwórz ją. Wyjąć jagnięcinę i osuszyć papierowym ręcznikiem. Smażymy na palniku na złoty kolor. Bazyliową chimichurri wylewa się na jagnięcinę. Podawane z gotowaną na parze zieleniną.

Pikantne kebaby jagnięce Harissa

Przygotowanie + czas gotowania: 2 godziny 30 minut | Porcje: 10

Składniki

3 łyżki oliwy z oliwek

4 łyżeczki czerwonego octu winnego

2 łyżki pasty chili

2 ząbki czosnku, posiekane

1 ½ łyżeczki mielonego kminku

1 ½ łyżeczki mielonej kolendry

1 łyżeczka ostrej papryki

Dodaj sól do smaku

1 ½ kg jagnięciny bez kości, pokrojonej w kostkę

1 ogórek, obrany i posiekany

Skórka i sok z ½ cytryny

1 szklanka jogurtu typu greckiego

Instrukcja obsługi

Przygotuj łaźnię wodną i umieść w niej urządzenie Sous Vide. Ustaw na 134 F. Wymieszaj 2 łyżki oliwy z oliwek, ocet, chilli, czosnek, kminek, kolendrę, paprykę i sól. Umieść jagnięcinę i sos w zamykanej próżniowo torbie. Wypuść powietrze metodą wyciskania wody, zamknij i zanurz worek w wannie. Gotuj przez 2 godziny.

Gdy licznik czasu się skończy, wyjmij jagnięcinę i osusz ją papierowym ręcznikiem. Wyrzuć soki powstałe podczas gotowania. W małej misce wymieszaj ogórek, skórkę i sok z cytryny, jogurt i zmiażdżony czosnek. Odłożyć na bok. Napełnij szaszłyki jagnięciną i zwiń.

Na patelni rozgrzej olej i smaż szaszłyki po 1-2 minuty z każdej strony. Polej sosem cytrynowo-czosnkowym i podawaj.

Słodka musztardowa wieprzowina z chrupiącą cebulką

Przygotowanie + czas gotowania: 48 godzin 40 minut | Porcje: 6

Składniki

1 łyżka ketchupu
4 łyżki musztardy miodowej
2 łyżki sosu sojowego
2¼ kilograma łopatki wieprzowej
1 duża słodka cebula, pokrojona w cienkie pierścienie
2 szklanki mleka
1 ½ szklanki mąki uniwersalnej
2 łyżeczki granulowanego proszku cebulowego
1 łyżeczka papryki
Sól i czarny pieprz do smaku
4 szklanki oleju roślinnego do smażenia

Instrukcja obsługi

Przygotuj łaźnię wodną i umieść w niej urządzenie Sous Vide. Ustaw na 159F.

Musztardę, sos sojowy i ketchup dokładnie wymieszaj na pastę. Posmaruj wieprzowinę sosem i włóż do zamykanej próżniowo torebki. Wypuścić powietrze metodą wyciskania wody, zamknąć worek i zanurzyć go w łaźni wodnej. Gotuj przez 48 godzin.

Przygotowanie cebuli: Rozłóż krążki cebuli w misce. Zalać je mlekiem i odstawić na 1 godzinę. Połączyć mąkę, proszek cebulowy oraz szczyptę soli i pieprzu.

Rozgrzej olej na patelni do 375 F. Odcedź cebulę i dodaj do mieszanki mąki. Dobrze wstrząśnij i przenieś na patelnię. Smaż je przez 2 minuty lub do momentu, aż będą chrupiące. Przełożyć na tacę i osuszyć papierowym ręcznikiem. Powtórz proces z pozostałą cebulą.

Gdy licznik czasu się zatrzyma, wyjmij wieprzowinę, połóż ją na desce do krojenia i ciągnij wieprzowinę, aż zostanie rozdrobniona. Zarezerwuj soki z gotowania i przenieś je do rondla, gdy są gorące na średnim ogniu i gotuj przez 5 minut, aż odparują. Podawaj wieprzowinę z sosem i dekoruj chrupiącą cebulą.

Pyszne kotlety schabowe z bazylią i cytryną

Przygotowanie + czas gotowania: 1 godzina 15 minut | Porcje: 4

Składniki

4 łyżki masła
4 kotlety schabowe bez kości
Sól i czarny pieprz do smaku
Skórka i sok z 1 cytryny
2 zmiażdżone ząbki czosnku
2 liście laurowe
1 gałązka świeżej bazylii

Instrukcja obsługi

Przygotuj łaźnię wodną i umieść w niej urządzenie Sous Vide. Ustaw na 141 F. Dopraw kotlety solą i pieprzem.

Kotlety ze skórką i sokiem z cytryny, czosnkiem, liśćmi laurowymi, bazylią i 2 łyżkami masła włóż do zamykanej próżniowo torebki. Wypuścić powietrze metodą wyciskania wody, zamknąć worek i zanurzyć go w łaźni wodnej. Gotuj przez 1 godzinę.

Gdy minutnik się skończy, wyjmij kotlety i osusz je ręcznikiem papierowym. Zarezerwuj zioła. Na patelni rozgrzać resztę masła na średnim ogniu i smażyć po 1-2 minuty z każdej strony.

Żeberka baby z sosem chińskim

Przygotowanie + czas gotowania: 4 godziny 25 minut | Porcje: 4

Składniki

1/3 szklanki sosu hoisin

1/3 szklanki ciemnego sosu sojowego

1/3 szklanki cukru

3 łyżki miodu

3 łyżki białego octu

1 łyżka pasty ze sfermentowanej fasoli

2 łyżki oleju sezamowego

2 zmiażdżone ząbki czosnku

1-calowy kawałek świeżego startego imbiru

1 ½ łyżeczki proszku pięciu smaków

Dodaj sól do smaku

½ łyżeczki świeżo zmielonego czarnego pieprzu

3 kilogramy żeberek z grzbietu dziecka

Liście kolendry do podania

Instrukcja obsługi

Przygotuj łaźnię wodną i umieść w niej urządzenie Sous Vide. Ustaw na 168F.

W misce wymieszaj sos Hoisin, ciemny sos sojowy, cukier, ocet biały, miód, pastę fasolową, olej sezamowy, proszek pięciu przypraw, sól, imbir, biały i czarny pieprz. Zarezerwuj 1/3 mieszanki i pozostaw do ostygnięcia.

Posmaruj żeberka mieszanką i podziel je do 3 zamykanych próżniowo torebek. Odpowietrzyć metodą wyciskania wody, zamknąć i namoczyć worki w kąpieli wodnej. Gotuj przez 4 godziny.

Rozgrzej piekarnik do 400 F. Po zatrzymaniu timera usuń żeberka i posmaruj pozostałą mieszanką. Przełożyć na blachę do pieczenia i wstawić do piekarnika. Piec przez 3 minuty. Wyjmij i odstaw na 5 minut. Pokrój stojak i przykryj kolendrą.

Gulasz wieprzowy i fasolowy

Przygotowanie + czas gotowania: 7 godzin 20 minut | Porcje: 8)

Składniki

2 łyżki oleju roślinnego

1 łyżka masła

1 polędwica wieprzowa pokrojona w kostkę

Sól i czarny pieprz do smaku

2 szklanki mrożonej cebuli perłowej

2 duże pasternak, posiekane

2 posiekane ząbki czosnku

2 łyżki mąki uniwersalnej

1 kieliszek białego wytrawnego wina

2 szklanki bulionu z kurczaka

1 puszka białej fasoli, odsączona i opłukana

4 świeże gałązki rozmarynu

2 liście laurowe

Instrukcja obsługi

Przygotuj łaźnię wodną i umieść w niej urządzenie Sous Vide. Ustaw na 138F.

Rozgrzej patelnię z powłoką nieprzywierającą na dużym ogniu z masłem i olejem. Dodaj wieprzowinę. Doprawić pieprzem i solą. Gotuj przez 7 minut. Dodać cebulę i smażyć przez 5 minut. Wymieszaj czosnek i wino w barboterze. Wymieszaj fasolę, rozmaryn, bulion i liście laurowe. Zdjąć z ognia.

Umieść wieprzowinę w zamykanej próżniowo torbie. Wypuścić powietrze metodą wyciskania wody, zamknąć worek i zanurzyć go w łaźni wodnej. Gotuj przez 7 godzin. Gdy czas się skończy, wyjmij torebkę i przenieś ją do miski. Udekoruj rozmarynem.

Rozdrobnij żeberka wieprzowe

Przygotowanie + czas gotowania: 20 godzin 10 minut | Porcje: 6

Składniki:

Żeberka dla niemowląt o wadze 5 funtów (2), pełne stojaki
½ szklanki mieszanki przypraw do szarpaków

Wskazówki:

Przygotuj łaźnię wodną, umieść w niej urządzenie Sous Vide i ustaw na 145 F. Ruszty przekrój na pół i posyp połową przypraw. Umieścić stojaki w pojedynczych, szczelnie zamkniętych próżniowo stojakach. Odpowietrzyć metodą wyciskania wody, zamknąć i namoczyć worki w kąpieli wodnej. Ustaw timer na 20 godzin.

Przykryj łaźnię wodną torebką, aby ograniczyć parowanie i dodawaj wodę co 3 godziny, aby zapobiec wysychaniu wody. Gdy licznik czasu się skończy, wyjmij i otwórz torebkę. Przenieś żeberka na wyłożoną folią blachę do pieczenia i podgrzej kurczaka na dużym ogniu. Żeberka natrzyj pozostałą przyprawą i włóż do brojlera. Piec przez 5 minut. Pokroić w pojedyncze żeberka.

Balsamiczne kotlety schabowe

Przygotowanie + czas gotowania: 1 godzina 15 minut | Porcje: 5

Składniki:

2 kilogramy kotletów schabowych
3 zmiażdżone ząbki czosnku
½ łyżeczki suszonej bazylii
½ łyżeczki suszonego tymianku
¼ szklanki octu balsamicznego
Sól i czarny pieprz do smaku
3 łyżki oliwy z oliwek z pierwszego tłoczenia

Wskazówki:

Przygotuj łaźnię wodną, ustaw w niej Sous Vide na 158 F. Dopraw kotlety schabowe solą i pieprzem; odłożyć.

W małej misce wymieszaj ocet z 1 łyżką oliwy z oliwek, tymiankiem, bazylią i czosnkiem. Dobrze wymieszaj i równomiernie rozprowadź mieszaninę na mięsie. Umieścić w dużej zamykanej próżniowo torbie i zamknąć. Zanurz zamkniętą torebkę w łaźni wodnej i gotuj przez 1 godzinę.

Gdy licznik czasu się skończy, wyjmij kotlety schabowe z torebki i osusz. W średnim rondlu na dużym ogniu rozgrzej pozostałą oliwę z oliwek. Smaż kotlety przez minutę z każdej strony lub do momentu, aż uzyskasz złoty kolor. Dodaj soki z gotowania i gotuj przez 3-4 minuty lub do momentu, aż zgęstnieją.

Żeberka wieprzowe bez kości z sosem kokosowo-orzechowym

Przygotowanie + czas gotowania: 8 godzin 30 minut | Porcje: 3

Składniki:

½ szklanki mleka kokosowego

2 ½ łyżki masła orzechowego

2 łyżki sosu sojowego

1 łyżka cukru

3 cale świeżej trawy cytrynowej

1 ½ łyżki sosu pieprzowego

1 ½ cala imbiru, obranego

3 ząbki czosnku

2 ½ łyżeczki oleju sezamowego

13 uncji żeberek wieprzowych bez kości

Wskazówki:

Przygotuj łaźnię wodną i włóż do niej sous vide. Ustaw na 135 F. Zmiksuj wszystkie wymienione składniki z wyjątkiem żeberek wieprzowych i kolendry w blenderze, aż będą gładkie.

Żeberka włóż do zamykanej próżniowo torebki i dodaj do sosu. Wypuścić powietrze metodą wyciskania wody i zamknąć torebkę. Umieścić w łaźni wodnej i ustawić timer na 8 godzin.

Gdy licznik czasu się zatrzyma, wyjmij torebkę, otwórz ją i wyjmij żeberka. Przełożyć na talerz i trzymać w cieple. Postaw patelnię na średnim ogniu i wlej sos z torebki. Gotuj przez 5 minut, zmniejsz ogień i gotuj przez 12 minut.

Dodać żeberka i zalać sosem. Dusić przez 6 minut. Podawane z gotowaną na parze zieleniną.

Polędwiczka wieprzowa z limonką i czosnkiem

Przygotowanie + czas gotowania: 2 godziny 15 minut | Porcje: 2

Składniki:

2 łyżki sproszkowanego czosnku
2 łyżki mielonego kminku
2 łyżki suszonego tymianku
2 łyżki suszonego rozmarynu
1 szczypta limonkowej soli morskiej
2 (3 funty) polędwiczki wieprzowe, bez srebrnej skórki
2 łyżki oliwy z oliwek
3 łyżki niesolonego masła

Wskazówki:

Przygotuj łaźnię wodną, umieść ją w Sous Vide i ustaw na 140 F. Dodaj kminek, proszek czosnkowy, tymianek, sól limonkową, rozmaryn i sól limonkową do miski i mieszaj, aż masa będzie gładka. Posmaruj wieprzowinę oliwą z oliwek i posyp mieszanką soli i kminku i ziół.

Umieść wieprzowinę w dwóch oddzielnych torebkach zamykanych próżniowo. Wypuścić powietrze metodą wyciskania wody i zamknąć worki. Zanurz w łaźni wodnej i ustaw timer na 2 godziny.

Gdy licznik czasu się skończy, wyjmij i otwórz torebkę. Wyjąć wieprzowinę i osuszyć papierowym ręcznikiem. Wylej sok do torebki. Rozgrzej żeliwną patelnię na dużym ogniu i dodaj masło. Dodaj wieprzowinę i smaż na złoty kolor. Pozwól wieprzowinie odpocząć na desce do krojenia. Pokrój je w 2-calowe medaliony.

Żeberka wieprzowe z grilla

Przygotowanie + czas gotowania: 1 godzina 10 minut | Porcje: 4

Składniki:

1 funt żeberek wieprzowych
1 łyżeczka sproszkowanego czosnku
Sól i czarny pieprz do smaku
1 szklanka sosu BBQ

Wskazówki:

Przygotuj łaźnię wodną, włóż do niej sous vide i ustaw temperaturę na 140 F. Dopraw żeberka solą i pieprzem, włóż do zamkniętej próżniowo torebki, wypuść powietrze i zamknij. Włóż do wody i ustaw timer na 1 godzinę.

Gdy licznik czasu się skończy, wyjmij i otwórz torebkę. Wyjmij żeberka i polej sosem BBQ. Odłożyć na bok. Rozgrzej grill. Gdy żeberka będą gorące, smaż je przez 5 minut ze wszystkich stron. Podawane z wybranym sosem.

Filet klonowy ze smażonym jabłkiem

Przygotowanie + czas gotowania: 2 godziny 20 minut | Porcje: 4

Składniki

1 kilogram filetu wieprzowego
1 łyżka świeżego rozmarynu, posiekanego
1 łyżka syropu klonowego
1 łyżeczka czarnego pieprzu
Dodaj sól do smaku
1 łyżka oliwy z oliwek
1 pokrojone w kostkę jabłko
1 mała szalotka, pokrojona w cienkie plasterki
¼ szklanki bulionu warzywnego
½ łyżeczki cydru jabłkowego

Instrukcja obsługi

Przygotuj łaźnię wodną i umieść w niej urządzenie Sous Vide. Ustaw na 135 F. Usuń skórę z polędwicy i przekrój ją na pół. Połącz rozmaryn, syrop klonowy, mielony pieprz i 1 łyżkę soli. Posypać filet. Umieścić w zamykanej próżniowo torbie. Wypuścić powietrze metodą wyciskania wody, zamknąć worek i zanurzyć go w łaźni wodnej. Gotuj przez 2 godziny.

Gdy licznik czasu się skończy, wyjmij torebkę i wysusz ją. Zarezerwuj soki do zupy. Na patelni rozgrzej oliwę z oliwek na średnim ogniu i smaż filet przez 5 minut. Odłożyć na bok.

Zmniejsz ogień i dodaj jabłko, gałązkę rozmarynu i szalotkę. Posyp solą i smaż przez 2-3 minuty, aż uzyskasz złoty kolor. Dodać ocet, bulion i soki do zupy. Gotuj na małym ogniu przez kolejne 3-5 minut. Filet pokroić w medaliony i podawać z masą jabłkową.

Wędzona papryka Boczek wieprzowy

Przygotowanie + czas gotowania: 24 godziny 15 minut | Porcje: 8

Składniki:

1 kilogram boczku wieprzowego
½ łyżki wędzonej papryki
½ łyżeczki czosnku w proszku
1 łyżeczka kolendry
½ łyżeczki płatków chilli
Sól i czarny pieprz do smaku

Wskazówki:

Przygotuj łaźnię wodną i włóż do niej sous vide. Ustaw na 175 F. Połącz wszystkie przyprawy w małej misce i wetrzyj tę mieszaninę w boczek wieprzowy. Umieść mieszaninę w zamykanej próżniowo torbie. Wypuścić powietrze metodą wyciskania wody, zamknąć worek i zanurzyć go w łaźni wodnej. Ustaw timer na 24 godziny.

Po zakończeniu wyjmij torebkę, wlej płyn z gotowania do garnka i połóż boczek na talerzu. Gotuj płyn z gotowania, aż zredukuje się o połowę. Polać wieprzowiną i podawać.

Tacos wieprzowe Carnitas

Przygotowanie + czas gotowania: 3 godziny 10 minut | Porcje: 4

Składniki:

2 kilogramy łopatki wieprzowej
3 ząbki czosnku, posiekane
2 liście laurowe
1 cebula, posiekana
Sól i czarny pieprz do smaku
Tortille kukurydziane

Wskazówki:

Przygotuj łaźnię wodną i umieść w niej urządzenie Sous Vide. Ustaw na 185F.

W międzyczasie wymieszaj wszystkie przyprawy i natrzyj powstałą mieszanką wieprzowinę. Włóż do worka próżniowego razem z liśćmi laurowymi, cebulą i czosnkiem. Wypuścić powietrze metodą wyciskania wody, zamknąć worek i zanurzyć go w łaźni wodnej. Ustaw timer na 3 godziny.

Po upieczeniu przełożyć na deskę do krojenia i rozdrobnić 2 widelcami. Podzielić pomiędzy tortille kukurydziane i podawać.

Pyszna wieprzowina z polewą musztardowo-melasową

Przygotowanie + czas gotowania: 4 godziny 15 minut | Porcje: 6

Składniki

2 kilogramy filetu wieprzowego
1 liść laurowy
3 uncje melasy
½ uncji sosu sojowego
½ uncji miodu
Sok z 2 cytryn
2 paski skórki z cytryny
4 posiekane cebule
½ łyżeczki czosnku w proszku
¼ łyżeczki musztardy Dijon
¼ łyżeczki zmielonego ziela angielskiego
1 uncja pokruszonych chipsów kukurydzianych

Instrukcja obsługi

Przygotuj łaźnię wodną i umieść w niej urządzenie Sous Vide. Ustaw na 142F.

Umieść polędwicę wieprzową i liść laurowy w zamykanym próżniowo worku. Dodać melasę, sos sojowy, skórkę z cytryny, miód, cebulę, proszek czosnkowy, musztardę i ziele angielskie i dobrze wstrząśnij. Wypuścić powietrze metodą wyciskania wody, zamknąć worek i zanurzyć go w łaźni wodnej. Gotuj przez 4 godziny.

Gdy odliczanie się skończy, wyjmij torebkę. Pozostałą mieszaninę wlać do garnka i doprowadzić do wrzenia. Podawać wieprzowinę z sosem i posypać pokruszonymi chipsami kukurydzianymi. Udekoruj zieloną cebulą.

Smażona karkówka

Przygotowanie + czas gotowania: 1 godzina 20 minut | Porcje: 8

Składniki:

2 funty karkówki wieprzowej, bez kości, pokrojonej na 2 części
4 łyżki oliwy z oliwek
2 łyżeczki sosu sojowego
2 łyżki sosu barbecue
½ łyżki cukru
4 gałązki rozmarynu, liście usunięte
4 gałązki tymianku, liście usunięte
2 ząbki czosnku, posiekane
Sól i biały pieprz do smaku
¼ łyżeczki płatków papryki

Wskazówki:

Przygotuj łaźnię wodną, włóż do niej sous vide i ustaw na 140 F. Natrzyj wieprzowinę solą i pieprzem. Umieść mięso w dwóch oddzielnych, zamykanych próżniowo torebkach, wypuść powietrze i zamknij je. Umieścić w łaźni wodnej i ustawić timer na 1 godzinę.

Gdy odliczanie się skończy, wyjmij i otwórz torby. Wymieszaj resztę wymienionych składników. Rozgrzej piekarnik do 425 F. Umieść wieprzowinę na patelni i obficie natrzyj ją sosem sojowym. Piec w piekarniku przez 15 minut. Przed pokrojeniem poczekaj, aż wieprzowina ostygnie. Podawane z gotowaną na parze zieleniną.

Żeberka wieprzowe

Przygotowanie + czas gotowania: 12 godzin 10 minut | Porcje: 4

Składniki:

1 ruszt żeberek wieprzowych
2 łyżki brązowego cukru
½ szklanki sosu barbecue
1 łyżka sproszkowanego czosnku
2 łyżki papryki
Sól i czarny pieprz do smaku
1 łyżka proszku cebulowego

Wskazówki:

Przygotuj łaźnię wodną i umieść w niej urządzenie Sous Vide. Ustaw na 165 F. Umieść wieprzowinę i przyprawy w zamykanej próżniowo torbie. Wypuścić powietrze metodą wyciskania wody, zamknąć worek i zanurzyć go w łaźni wodnej. Ustaw timer na 12 godzin.

Gdy minutnik się skończy, wyjmij żeberka z torebki i posmaruj sosem barbecue. Zawinąć w folię aluminiową i włożyć pod grill na kilka minut. Natychmiast podawaj.

Kotlety schabowe z tymiankiem

Przygotowanie + czas gotowania: 70 minut | Porcje: 4

Składniki:

4 kotlety schabowe
2 łyżeczki świeżego tymianku
1 łyżka oliwy z oliwek
Sól i czarny pieprz do smaku

Wskazówki:

Przygotuj łaźnię wodną i umieść w niej urządzenie Sous Vide. Ustaw na 145 F. Połącz wieprzowinę i inne składniki w torebce próżniowej. Wypuścić powietrze metodą wyciskania wody, zamknąć worek i zanurzyć go w łaźni wodnej. Ustaw timer na 60 minut. Po zakończeniu wyjmij torebkę i smaż na patelni przez kilka sekund z każdej strony.

Pulpety wieprzowe

Przygotowanie + czas gotowania: 75 minut | Porcje: 6

Składniki:

2 kilogramy mielonej wieprzowiny
½ szklanki bułki tartej
1 jajko
1 łyżeczka papryki
Sól i czarny pieprz do smaku
1 łyżka mąki
2 łyżki masła

Wskazówki:

Przygotuj łaźnię wodną i umieść w niej urządzenie Sous Vide. Ustaw na 140 F. Połącz wieprzowinę, jajko, paprykę, mąkę i sól. Uformuj kotlety i umieść każdy w małej zamykanej próżniowo torebce. Wypuścić powietrze metodą wyciskania wody, zamknąć worek i zanurzyć go w łaźni wodnej. Ustaw timer na 60 minut.

Gdy odliczanie się skończy, wyjmij torebkę. Rozpuść masło w rondlu na średnim ogniu. Obsyp klopsiki bułką tartą i smaż ze wszystkich stron na złoty kolor. Podawaj i ciesz się.

Kotleciki z szałwii i cydru

Przygotowanie + czas gotowania: 70 minut | Porcje: 2

Jaskładniki

2 kotlety schabowe
1 gałązka posiekanego rozmarynu
Sól i czarny pieprz do smaku
1 posiekany ząbek czosnku
1 szklanka twardego cydru, podzielona
1 łyżeczka szałwii
1 łyżka oleju roślinnego
1 łyżka cukru

Instrukcja obsługi

Przygotuj łaźnię wodną i umieść w niej urządzenie Sous Vide. Ustaw na 138F.

W misce wymieszaj sól, pieprz, szałwię, rozmaryn i czosnek. Natrzyj kotlety tą mieszanką i włóż do zamykanej próżniowo torebki. Dodaj 1/4 szklanki twardego cydru. Wypuścić powietrze metodą wyciskania wody, zamknąć worek i zanurzyć go w łaźni wodnej. Gotuj przez 45 minut.

Kiedy skończysz, wyjmij torbę. Na patelni rozgrzej olej na średnim ogniu i podsmaż warzywa. Dodać kotlety i smażyć na złoty kolor. Odstaw na 5 minut. Wlać sos z gotowania na patelnię wraz z 1 szklanką cydru i cukrem. Kontynuuj mieszanie, aż się rozpuści. Przed podaniem polej kotlety sosem.

Filet z rozmarynem

Przygotowanie + czas gotowania: 2 godziny 15 minut | Porcje: 4

Składniki:

1 kilogram filetu wieprzowego
2 ząbki czosnku
2 gałązki rozmarynu
1 łyżka suszonego rozmarynu
Sól i czarny pieprz do smaku
1 łyżka oliwy z oliwek

Wskazówki:

Przygotuj łaźnię wodną i umieść w niej urządzenie Sous Vide. Ustawić na 140 F. Doprawić mięso solą, rozmarynem i pieprzem i umieścić w zamykanej próżniowo torbie z gałązką czosnku i rozmarynu. Wypuścić powietrze metodą wyciskania wody, zamknąć worek i zanurzyć go w łaźni wodnej. Ustaw timer na 2 godziny.

Gdy odliczanie się skończy, wyjmij torebkę. Rozgrzej olej na patelni na średnim ogniu. Smaż mięso przez około 2 minuty z każdej strony.

Paprika Pancetta z cebulą perłową

Przygotowanie + czas gotowania: 1 godzina 50 minut | Porcje: 4

Składniki

1 kilogram obranej cebuli perłowej
4 plastry pancetty, pokruszone i ugotowane
1 łyżka tymianku
1 łyżeczka papryki

Instrukcja obsługi

Przygotuj łaźnię wodną i włóż do niej sous vide. Ustaw na 186 F. Umieść pancettę, cebulę perłową, tymianek i paprykę w zamykanej próżniowo torbie. Wypuść powietrze metodą wyciskania wody, zamknij i zanurz worek w wannie. Gotuj przez 90 minut. Po zakończeniu wyjmij torebkę i wyrzuć soki powstałe podczas gotowania.

Kotlety schabowe pomidorowe z puree ziemniaczanym

Przygotowanie + czas gotowania: 5 godzin 40 minut | Porcje: 4

Składniki

1 kilogram kotletów schabowych bez skóry
Sól i czarny pieprz do smaku
1 szklanka bulionu wołowego
½ szklanki sosu pomidorowego
1 łodyga selera, pokrojona w 1-calową kostkę
1 ćwiartka szalotki
3 gałązki świeżego tymianku
1 uncja puree z czerwonych ziemniaków

Instrukcja obsługi

Przygotuj łaźnię wodną i umieść w niej urządzenie Sous Vide. Ustaw na 182F.

Kotlety dopraw solą i pieprzem, a następnie włóż do zamykanej próżniowo torebki. Dodać sos pomidorowy, szalotkę, whisky, seler i tymianek. Wypuścić powietrze metodą wyciskania wody, zamknąć worek i zanurzyć go w łaźni wodnej. Gotuj przez 5 godzin.

Gdy timer się skończy, wyjmij kotlety i przenieś je na talerz. Zarezerwuj płyny do gotowania. Rozgrzej garnek na dużym ogniu i wlej odsączony sok; Niech się zagotuje. Zmniejsz ogień i gotuj przez 20 minut. Następnie dodajemy kotlety i smażymy kolejne 2-3 minuty. Podawać z puree ziemniaczanym.

www.ingramcontent.com/pod-product-compliance
Lightning Source LLC
Chambersburg PA
CBHW071909110526
44591CB00011B/1616